AF356497

QUELQUES PAGES

SUR

LÉON ROCHES

GRENOBLE

IMPRIMERIE ALLIER FRÈRES

26, Cours Saint-André, 26

1898

QUELQUES PAGES

SUR

LÉON ROCHES

L'ouvrage a été tiré à 400 exemplaires numérotés.

N°

QUELQUES PAGES

SUR

LÉON ROCHES

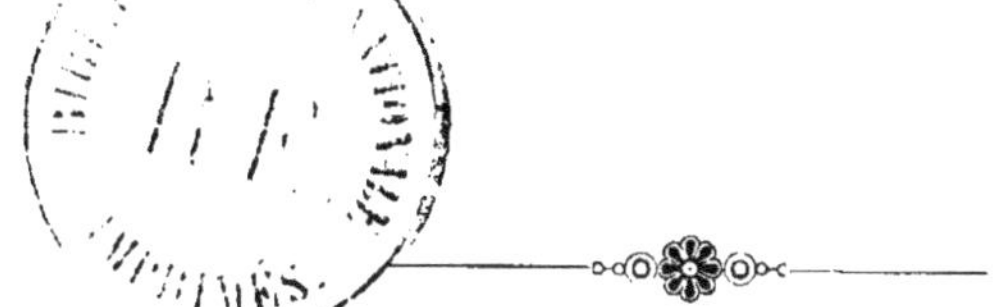

GRENOBLE

IMPRIMERIE ALLIER FRÈRES
26, Cours Saint-André, 26

1898

*D'azur au lion couronné d'or rampant
contre un rocher d'argent.*

AVANT-PROPOS

———

Rien n'égale la lumière qu'apporte le temps, en la vertu d'élucider les controverses les plus confuses sur les sujets les plus disputés.

Nous avons pu voir au Palais Bourbon, il y a soixante années, un Ministère français, au sein d'une Chambre française, — livrer aux aventures d'un scrutin la possession de notre Algérie; — nous avons vu l'abandon de notre grande colonie méditerranéenne être l'objet d'un pointage. Et ce fut une douleur en même temps qu'une honte.

Aujourd'hui, sans doute, pas un esprit clairvoyant, pas une âme française, ne sauraient concevoir une France forte sans la possession indiscutée de ce royaume africain, depuis Tunis jusqu'aux confins de notre province d'Oran.

La conquête en demeurera la très grande gloire de la Restauration. Le Roi Charles X l'entreprit malgré l'Anglais, contre l'Anglais, — davantage encore que contre le Dey d'Alger.

Depuis trois quarts de siècle bientôt, nos généraux, nos soldats, nos Princes y ont déployé leur vaillance, et l'Algérie, durant ce temps, fut véritablement notre école de guerre.

Le Maréchal Bugeaud, — un homme qui sera grand dans l'histoire plus encore qu'il n'apparaît aujourd'hui grand à nos yeux, — fut le conquérant de cet Empire; il en fut aussi le pacificateur.

Les bases, — peut-être aujourd'hui détruites, — d'une colonisation paternelle, furent l'œuvre de Bugeaud.

—⚹—

Aux heures les plus palpitantes de cette brillante épopée africaine, — un autre homme encore, qui ne fut ni prince, ni général, dont le titre fut effacé, mais dont le cœur fut grand, et dont les services furent éminents et par tous acclamés, — se tint debout près de son **Maréchal**, comme près d'un grand chêne se tient son ombre.

Dans notre royaume africain le nom de cet homme a partout retenti, — en nos camps militaires, aussi bien qu'aux camps d'Abd-el-Kader, de Ben Salem et de Bou Maza. Aujourd'hui encore ce nom est populaire entre tous dans les plus humbles gourbis arabes aussi bien que sous les grandes tentes.

En France, sous toutes les plumes contemporaines de haute marque, militaires ou diplomatiques, — depuis la plume de Bugeaud jusqu'à celle de M. Guizot, — le nom de cet homme se rencontre, mis en lumière, applaudi, glorifié.

Or, cet homme est un Dauphinois [1]. *Il est né à Grenoble : il porte authentiquement les armes d'une famille éteinte, les Roland de la Platière.*

Parmi nous, Dauphinois, quelques amis seulement, et quelques lettrés, savent sa vie. Nous avons voulu la dire et la rendre familière à d'autres encore.

La raison de ce livre est tout entière dans cette intention.

[1] La mère de Léon Roches était la sœur de M. Léon Champagneux, gendre de Mme Roland, la célèbre Girondine.

De la descendance de Mme Roland, ou de sa fille, Mme Champagneux, demeurent vivants aujourd'hui dans la parenté de Léon Roches :

Mme Eudora Taillet, née Chaley, à Rosière, près Bourgoin.
Mlle Marie Chaley, à Ruy, près Bourgoin.
Mme veuve Cécile Marillier, à Paris.

LEON ROCHES

QUELQUES PAGES

SUR

LÉON ROCHES

CHAPITRE PREMIER.

Virum, amicumque cano ! Mon héros, oui mon héros, amis *délicats* qui vous employez à me lire, mon héros est le vôtre aussi ; il est de votre sang allobroge, il est de cette humeur chevaleresque qui vous chatouille et que vous ne voilez jamais, si ce n'est quand vous marchez au scrutin.

Mettez en un creuset quelques effluves de l'âme de Bayard et quelques grains de la poussière de Lesdiguières ; — à la parole étincelante de Rivarol ajoutez le diable au corps des entreprises folles qu'eut d'Artagnan, — cet être si réel et si fantastique, tant admiré, sans doute précisément pour n'avoir jamais existé, — et vous aurez Léon Roches.

Eh bien, non ! Ici je me trompe et vous ne l'aurez point encore. Il vous faut en plus imaginer un don sans pareil d'assimilation envers les hommes, les pays et les choses, de conception et de résolution instanstanée ; il vous faut ajouter encore au mélange l'improvisation à déjouer l'imprévu, la passion d'affronter et de démontrer vrai l'impossible.

— ❊ —

Son maître talisman, peut-être le cacha-t-il en cette magie magnétique que Montaigne a dénommée *l'attirance*. Bugeaud, jusqu'à sa mort, l'appela « *mon brave Roches* »; Abd-el-

CHAPITRE PREMIER.

Kader, jusqu'à sa mort, l'appela « *mon ami fidèle* ».

Méditez ceci : Abd-el-Kader et Bugeaud. *Arcades ambo!* notre Grand Condé d'Afrique et Jugurtha.

Sur le peuple arabe Algérien tout entier la fascination de Léon Roches fut indicible. Cette taille et ce corps d'athlète, ce beau regard de guerrier tranquille, s'illuminant à la parole; cette parole ardente révélant à ces enfants du désert les richesses qu'ils ne connaissaient point encore eux-mêmes à leur langue si belle, — tout, en Léon Roches, leur fut une séduction invincible. Pour eux, bientôt, ce cavalier incomparable qui laissait loin derrière lui les cavaliers de Grande Tente les plus admirés, cet *ami des Arabes,* dont les actes leur étaient toujours protecteurs auprès des Français, — n'était autre, à n'en pas douter, qu'un pur musulman, s'étant fait chrétien pour les mieux aimer et les mieux servir.

Ils l'appelèrent et l'appellent encore aujourd'hui *Lionne,* s'imaginant que les Français le nommaient *Léon* pour le comparer au Roi du désert. De même ses amis, aujourd'hui, familièrement ne l'appellent que *Lionne.*

—✦—

Il fut, vous dis-je, d'abord au cours de ses *Trente-deux ans à travers l'Islam,* ensuite et tout au long de ses campagnes guerrières ou diplomatiques, — au Maroc, à Tunis, à Tripoli, à la Mecque ou bien au Japon, — il fut, imperturbablement et sans se démentir jamais, le *Vir* des Romains, le *Vir* que nous n'avons pas en notre langue et dont pourtant nous avons fait *virilité,* pour exprimer tout au moins cette vertu des peuples vigoureux, cette vertu qui nous manque et dont le besoin se fait sentir si cruellement à l'heure présente.

Au degré suprême et durant toute sa carrière, Roches fut animé de cette *grande amour* du nom français qui nous a donné tant de gloire, que firent paraître en nos jours encore les

CHAPITRE PREMIER.

Courbet et les Doudart de Lagrée, les Bonnier,
les Archinard et tant d'autres ; — de cette
amour qui bout, refoulée mais prête à s'épandre,
aux âmes de nos marins et de nos officiers de
l'armée de terre. *Virum, amicumque Cano !*

—+◈+—

Ah ! je sais bien que dans ses « *Mémoires* »
ce *timide à la plume* estompe inexorablement
sa personnalité, qu'il n'est point de ceux prêts
à dire *et quorum pars magna fui !* Je sais bien
que, par une pente invincible, il se déguise
toujours ou se calomnie.

Et je vois qu'en l'avant-propos de son beau
livre, *Trente-deux ans à travers l'Islam,* il nous
fait une confession bourrée de repentirs et
lardée de *meâ culpâ.*

Écoutez-le dans cet avant-propos :

« *Mais l'avouerai-je, en jetant un long regard*
« *sur mon passé, je l'ai trouvé si souvent en con-*
« *tradiction avec mes convictions actuelles, que*

« *j'ai hésité à la pensée de mettre en lumière une*
« *période de mon existence dont je réprouve hau-*
« *tement aujourd'hui certains actes.* »

—:◈:—

Eh bien, non, glorieux *Lionne !* et quand ainsi
vous vous humiliez outre mesure, pourquoi ne
pas envisager et comprendre que vos écarts ne
furent autres que les sursauts de ce *mens divi-*
nior dont fut enflammée votre existence? Pourquoi ne point vous dire que Dieu ne nous a
point marqués tous à destination de vendre du
sucre, ou bien pour la profession de parfait
notaire ?

Nous vos amis, nous pourtant chrétiens et
Français dans l'âme, nous devenons ici vos con-
tradicteurs, et nous ne sommes pas seuls à
l'ouvrage.

—◈—

Une Revue militaire, la plus profondément
française et la plus estimée parmi toutes, —
le Bulletin de la RÉUNION des OFFICIERS,

a consacré, dès leur apparition, deux beaux articles bibliographiques à vos *Trente deux ans à travers l'Islam*.

Le bibliographe de la *Revue* tout d'abord admire l'œuvre, puis il en combat les scrupules.

Il y prend à partie votre *confession*, il y prend à bras le corps vos timidités à l'endroit de vous-même, vos péchés et vos repentirs. De son étreinte vous sortez vaincu, blanc comme neige et triomphateur.

Et nous, plus sommairement nous venons vous dire :

— Ivre de jeunesse et plein de fougue, sous les feux du soleil d'Afrique, vous avez aimé durant des années, éperdument et follement, la belle Khadidja, une Musulmane.

Khadidja était patricienne, petite-fille du dernier ministre de la marine du dernier Dey d'Alger. Par sa mère elle était Géorgienne de grande race ; la beauté de Khadidja était prodigieuse et sa distinction incomparable. — *Homo sum et nil humani à me alienum puto.*

Et n'est-ce point à la folle poursuite de cet amour que se rattache votre audacieuse pensée, votre entreprise qui devait être si favorable à la France, de pénétrer jusqu'à l'Émir Abd-el-Kader?

—❖—

— Des mains de l'Émir, chrétien vous avez accepté une épouse musulmane.

Eh bien! fut-ce autre chose que la *carte* ou l'*épouse* forcée? et dites quel autre à votre place, vis-à-vis un tel homme que fut l'Émir, eût pu se tirer d'affaire d'une autre façon.

— Deux fois enfin, trois ou quatre fois peut-être, vous avez été Musulman; — auprès de l'Émir et de ses farouches lieutenants, auprès des terribles corporations d'Ulémas de Tunis, du Caire et de la Mecque.

Mais le Français René Caillé et l'Allemand Barth, eux aussi, se firent musulmans pour pénétrer à Tombouctou ; et qui jamais s'est ingénié à ce point de leur en faire un reproche ?

Vous vous êtes fait musulman, — auprès d'Abd-el-Kader pour connaître et pour pénétrer ce Jugurtha redoutable, pour nous en faire un allié, pour servir la France ; — à la Mecque, pour en rapporter au péril de vos jours la pacification de notre Algérie.

Et quand ainsi viennent vous chagriner vos scrupules, n'apercevez-vous pas que vous avez vécu sous l'hallucination des prestiges, et que cette vaste et mystérieuse Arabie a pénétré dès longtemps de ses effluves notre Mauritanie africaine aussi bien que le pays des Mille et une nuits ?

La Providence, si elle eût pu prévoir elle-même les cas de conscience dont votre vie étrange devait être importunée, vous eût fait accompagner d'un casuiste assermenté. Encore le pauvre homme eût-il été plus d'une fois fort embarrassé.

Donc, allez en paix, glorieux et brave *Lionne!*
mais avant, — c'est ici le mot de la fin, — laissez-moi vous mettre et vous remettre sous les
yeux cette lettre du Maréchal Bugeaud à M. Guizot, alors Président du Conseil des Ministres.

La pacification de l'Algérie étant enfin obte-
nue, l'illustre vainqueur d'Abd-el-Kader signi-
fiait en ces termes à Léon Roches son congé
d'auprès de lui, dans une lettre adressée à
M. Guizot :

— ❖ —

Lettre du Maréchal Bugeaud à M. Guizot.

« *Si vous connaissiez Léon Roches comme je le*
« *connais, vous n'hésiteriez pas un instant à lui*
« *donner le poste de Tanger. Il exerce un tel*
« *prestige sur les Arabes que j'ai vu, maintes*
« *fois, des populations entières ramenées par lui*
« *seul à la soumission. C'est qu'il parle et écrit*
« *l'arabe comme un lettré musulman; qu'il a*
« *l'aspect guerrier; qu'il égale l'habileté des meil-*

CHAPITRE PREMIER.

« *leurs cavaliers arabes et que son courage est*
« *devenu proverbial parmi eux.*

« *J'ajoute que son esprit ardent, son cœur gé-*
« *néreux et prompt au dévouement le rendent*
« *séduisant : c'est en outre un excellent Français.*

« *Quant à moi, en consentant à me priver des*
« *services de mon* BRAVE ROCHES, *je fais certes*
« *un acte de désintéressement.* »

Jamais, pour *aucun,* le Maréchal n'a signé titres plus hauts de noblesse. Le jour où il écrivit cette lettre à M. Guizot, il en remit à Léon Roches une copie, de sa main, que la famille de notre compatriote garde précieusement en ses archives.

CHAPITRE II.

Un brave homme, de l'Académie Delphinale, m'a dit ceci : — « On m'assure que vous allez publier sur Léon Roches un article, ou peut-être même un opuscule. »

— « Oui, mon cher ami, un article assurément et peut-être même un opuscule. »

— « Mais Roches lui-même a publié ses « Mémoires » et sa vie entière est dite par lui dans les tomes de son livre *Trente-deux ans à travers l'Islam*. »

Alors, à mon noble interlocuteur j'exposai les considérations suivantes :

— « *Trente-deux ans à travers l'Islam* n'est

point un ouvrage achevé. Deux volumes sont publiés, le troisième se fait attendre, et *quelques-uns* ont grande crainte aujourd'hui qu'il ne paraisse jamais.

« *Trente-deux ans à travers l'Islam* est un livre unique, cher et précieux à tous ceux que peuvent intéresser les récits de cette splendide épopée où se mesurèrent principalement le glorieux Maréchal et le Jugurtha ressuscité qui prit nom Abd-el-Kader.

« Mais c'est un ouvrage que son format et que son prix tiennent et tiendront toujours cantonné dans les armoires du petit nombre. Je n'entends point le redire ici. Je veux seulement *battre du briquet* sur l'ouvrage, en faire jaillir les étincelles et les faire luire aux yeux de mes compatriotes Dauphinois qui ne peuvent l'acheter.

« Car cet ouvrage est un grand livre, et vous savez comme moi que les grands livres qui vous entretiennent de nos hommes d'élite et de notre histoire, vous n'avez plus le temps de les lire, trop affairés que vous êtes aux discours de M. Jaurès ou bien aux réponses de M. Méline, ô mes chers compatriotes !

— ⁂ —

Nous venons d'ériger à Grenoble un monument convenable à Doudart de Lagrée, et la chose est bonne ; c'est la même pensée de souvenance qui me fait écrire. Nos fils glorieux du Dauphiné, sachons les dire et les montrer à tous, les mettre en lumière et les proclamer *nôtres*.

« Paris avale tout et nous dévore ; je ne suis pas un soumis. Le joug de Paris me pèse, m'obsède et m'indigne ; je veux *la Commune* chez elle et *la Province* aussi. Mon Préfet, que je ne connais pas, est sans doute un très brave homme avec qui, n'était son plumet, j'aurais les entretiens familiers les plus agréables. Mais comme oppresseur sans autre droit que son bon plaisir, comme tyran, je l'exècre. — A moins toutefois qu'il ait écrit *Pensées d'Automne*.

— ⁂ —

« Vous tendez le cou, ô mes chers compatriotes ; on vous met chaînes et collier sans que vous sachiez résister. Vous négligez d'enflammer vos colères, vous étendez un papier buvard sur vos âmes.

« Vos rues et vos places fourmillent de noms qu'il est douloureux d'y lire. Sachez donc être Français et demeurer Dauphinois.

« Et, pour bien débuter en nos résolutions nouvelles, sachons ici, aujourd'hui, réparer et mettre au point. Léon Roches a droit à une réparation contre lui-même ; il a droit aussi à une protestation contre le *Fatum,* l'implacable Divinité tant redoutée des vieux Romains. Ici je m'explique. »

—❖—

Le général Rivet, un héros, tué au Mamelon-Vert le jour de la prise de Malakoff, accomplit sa carrière militaire à peu près entière en Algérie. Une commune admiration pour le *grand Maréchal,* qui le tint jusqu'au bout attaché à sa personne, l'eut bien vite rapproché de Léon Roches. Entre ces deux hommes si pareils par la chevalerie du tempérament, l'amitié fut désormais indissoluble. Roches, depuis, l'a toujours appelé *mon Rivet bien-aimé.* En 1845, Rivet écrivait à Léon Roches :

— ❖ —

Lettre du Général Rivet à Léon Roches.

« Excideuil, le 2 janvier 1845.

« *Vous ignorez sans doute, cher ami, qu'un*
« *historien d'un grand mérite, M. Poujoulat,*
« *avait prié le Maréchal de solliciter pour lui,*
« *auprès des Ministres, la mission d'écrire l'his-*
« *toire de l'Algérie, à de* CERTAINES CONDI-
« TIONS.

« *Les Ministres n'ont pas acquiescé à cette de-*
« *mande et ont prescrit au Maréchal de charger*
« *de cette tâche importante quelques officiers de*
« *l'armée d'Afrique.*

« *Le Maréchal a jeté les yeux sur vous, et a*
« *daigné m'associer, moi pauvre ouvrier, à ce*
« *travail pour lequel vous avez déjà tant de maté-*
« *riaux que vous seul pouvez réunir, car, dans*
« *cette histoire, devra figurer la brillante épopée*
« *d'Abd-el-Kader.*

« *Quant à moi, mon cher ami, je me sens le*
« *courage de piocher, piocher tout ce qui a été*
« *écrit de si lumineux par le Maréchal pour faire*
« *un exposé de ce qui a rapport à la partie mili-*
« *taire, et je vous assure que je le ferai de grand*
« *cœur. Mais il faut pour cela que vous vous*
« *associez avec un égal plaisir à cette œuvre,*
« *car, sans cela, je perdrais tout courage et toute*
« *espérance de réussir.*

« *Je suis expressément chargé par le Maréchal*
« *de vous dire combien il lui serait agréable que*
« *nous nous chargeassions de cela. Il est bien*
« *entendu que nous travaillerons sous ses yeux,*
« *d'après ses conseils et ses inspirations. Voyez-*
« *vous tous les beaux côtés d'un pareil travail ?*
« *Non seulement nous seconderions les désirs de*

« *notre patron bien-aimé, mais nous associerions*
« *notre nom à une œuvre patriotique qui ne*
« *serait pas sans gloire.* »

—❊—

Ah ! sans doute, pour tous les deux, il en fût
résulté grande gloire. Roches, principalement,
y eût rencontré la mise au point de sa grande
personnalité, la mise en vive lumière de l'em-
ploi merveilleux qu'il sut faire de ses facultés au
service de la France.

—❊—

Voilà donc Roches et Rivet investis officielle-
ment par le Gouvernement français du soin
d'écrire l'*Histoire de l'Algérie,* sous la présidence
et sous le contrôle du Maréchal Bugeaud.

Mais *habent sua fata libelli !*

—❊—

Le temps marche et les événements se précipitent. Roches se trouve attardé à sa besogne

par les complications du Maroc ; il y est envoyé
par le Gouvernement près d'un Sultan rébar-
batif, à l'effet de débrouiller, par le prestige de
son nom et par les attirances de sa parole, une
situation politique bourrée d'épines. Il accomplit sa mission triomphalement.

Ici nous donnons la parole à l'*Akbar,* journal
algérien, janvier 1846.

« Dernièrement M. Léon Roches, après de
« grandes difficultés que seul peut-être il pouvait
« vaincre, a été admis à voir Mouley-Abd-er-
« Rhaman. Il en a été non seulement bien
« accueilli, mais il en a obtenu tout ce qu'il
« demandait au nom de la France ; enfin au
« moment de donner congé à son hôte après
« une visite de deux heures, l'Empereur l'a
« couvert de son burnous et a dit sur lui la
« prière :

« *Que le Seigneur te couvre de ses bénédictions*
« *comme je te couvre de mon vêtement,* tant que
« tes efforts tendront à faire le bien entre les
« Chrétiens et les Musulmans. »

« En sortant du palais impérial, un cortège
« magnifique attendait *l'envoyé du Sultan des*
« *Français* et l'a reconduit jusqu'à sa demeure
« qui n'était autre que celle du fils même de
« l'Empereur. »

D'autre part, Rivet qui s'est mis à l'œuvre,
déjà soumet à Léon Roches quelques *cahiers* où
notre compatriote a la joie de reconnaître la
touche d'un écrivain militaire de premier ordre.
Mais la Révolution de 1848 vient disperser les
trois historiens.

Le Maréchal meurt en 1849; plus tard, Rivet
est tué à l'attaque du Mamelon-Vert. Le *Fatum*
avait prononcé que la France n'aurait pas cette
histoire et que le nom de notre compatriote n'y
serait pas glorieusement associé.

Et combien peu s'en est fallu que ne vît
jamais le jour *Trente-deux ans à travers l'Islam*,
cette publication dont nous attendons aujour-
d'hui le dernier volume avec une anxiété qui

n'est point sans désespérance ! Le comte d'Ideville, mort prématurément il y a quelques années, a sauvé peut-être, par son énergique insistance, la mémoire de Léon Roches d'un naufrage après lequel il ne fût resté de lui que des vestiges insaisissables, une épave.

Le comte Henri d'Ideville fut un diplomate éminent et un écrivain de race. Longtemps accrédité par la France auprès du Roi d'Italie, il avait publié déjà des mémoires diplomatiques très lumineux et se préparait alors à la publication de son beau livre, *Le Maréchal Bugeaud*.

Investigateur puissant et sagace de faits d'histoire contemporaine ignorés ou trop peu connus, éclairé par des lueurs, devenu friand de Roches, le comte d'Ideville vint droit à lui.

A l'aspect de Léon Roches, à la flamme de ses récits, au parcours de ses documents, il fut pris de colère contre le silence que gardait notre compatriote ; il prit à bras-le-corps ses

hésitations : — « Votre silence est un crime,
« s'écria-t-il ! »

— ✠ —

La scène était à Rives, dans l'habitation
d'Alphonse Kléber, à la *Chana,* et la lutte dura
plus d'un jour. Il nous fut donné, en ces entretiens familiers et pleins de charme, d'en être
témoin.

Roches, depuis longtemps, résistait à tous
ses amis ; il ne put résister à notre alliance avec
d'Ideville ; le fin diplomate était venu, escorté
d'une puissance invincible. — Madame la comtesse Feray-d'Isly, la noble fille de Bugeaud,
elle-même accompagnée de sa jeune fille, —
un trésor de grâces, de timidités, de beauté, —
prenait part au combat, aux côtés de d'Ideville.

— ✠ —

Devant ce Cénacle d'amis, *quorum pars*
étaient les frères Blanchet, il fut signifié à
Léon Roches :

CHAPITRE II.

— Que rien au monde ne saurait faire connaître mieux que ses « Mémoires, » les grandeurs et les simplicités adorables du caractère de Bugeaud, son « *Maréchal Bien-Aimé* ».

— Que rien au monde non plus ne saurait mettre mieux en lumière, au profit d'un futur historien, les grandeurs *aussi,* le génie, — si merveilleux de souplesse, d'esprit guerrier, d'opiniâtreté, — du Jugurtha, chevaleresque à tout prendre, qui fut son ami jusqu'à sa mort, et qui nous fut si longtemps un adversaire si redoutable.

— Qu'à la mémoire de l'un, comme à celle de l'autre, il devait son témoignage, lui Léon Roches, qui, par une bizarre contradiction, avait eu l'amitié, l'intimité et les confidences de tous deux.

—✦—

Et maintenant j'ai dit comment nous avons au moins la consolation d'un ouvrage qui, bien qu'inachevé et cantonné seulement dans les bibliothèques de luxe, ne saurait faillir à sa mission de mettre en relief les points les plus saisissants de notre histoire Algérienne, comme aussi de nous dévoiler les mystères de cette vie intime musulmane que personne encore, jusqu'à ce jour, n'avait su pénétrer aussi profondément, aussi lumineusement que Léon Roches.

LES ARMES DE LÉON ROCHES.

Les *armes parlantes* de Léon Roches, il les adopta et en usa désormais en 1839, à son retour d'auprès d'Abd-el-Kader. Les Arabes l'ayant unanimement surnommé *Lionne,* ses armes parlantes furent — *un lion d'or grimpant sur un rocher d'argent.*

Par coïncidence fortuite, c'était dès longtemps aussi les armes des Roland de la Platière.

CHAPITRE II.

Par son testament en date de 1849, Mme Champagneux, tante et marraine de notre compatriote, — *autorise, à défaut d'héritier* mâle portant le nom de Roland, *son neveu et filleul Léon Roches à prendre les armes des Roland de la Platière.*

Léon Roches est le fils de Mme Alphonse Roches, fille de M. Champagneux, le courageux défenseur de Mme Roland, et père de M. Léon Champagneux, marié à Mlle Eudora Roland.

LES DÉCORATIONS DE LÉON ROCHES.

Commandeur de la Légion d'honneur.

Commandeur de l'Ordre de Léopold de Belgique.

Grand Officier des Saints Maurice et Lazare.

Officier de l'Étoile polaire de Suède.

Officier de Danchogk de Danemark.

Officier de Saint-Grégoire le Grand, donnée par
Pie IX.

Officier de Saint-Jean de Jérusalem et du Saint-
Sépulcre.

Grand'Croix de l'Ordre Beylical de Tunis.

Grand'Croix de l'Ordre du Nicham-Iftikhar, de
Tunis.

Grand'Croix de l'Ordre Beylical de l'Ahad.

Grand'Croix de l'Ordre de la Richa, créé par
le Prophète Mohammed, donnée par
Abd-el-Kader après le siège d'Ain-Madhi.

CHAPITRE III.

LA VIE DE LÉON ROCHES.

Je suis un irrégulier de la plume, peut-être un peu de la pensée aussi, et ne viens point ici vous *allonger* une biographie. Je viens vous dire la vie de Roches à vol d'oiseau comme à tire-d'ailes, à bâtons rompus quelquefois, et, si les Dieux bons veulent m'être propices, à l'emporte-pièces.

J'entends faire courir des arpèges rapides sur les touches sonores de cette vie incomparable, par ses dangers, par ses audaces, par la noblesse de ses entreprises.

LÉON ROCHES.

Léon Roches naquit à Grenoble le 27 septembre 1809. Il eut pour marraine sa tante, Mme Léon Champagneux, née Eudora Roland. Mme Roland fut l'héroïque et célèbre Girondine que vous savez.

L'enfance de Léon Roches s'écoula paisiblement au Clos de la Platière, auprès de sa marraine. Mme Champagneux en avait hérité de son père Roland de la Platière, qui fut deux fois Ministre de l'Intérieur pour le parti Girondin et se suicida pour assurer ses biens à sa fille.

Le nid d'où le jeune aiglon devait prendre son vol fut donc un nid de premier ordre. Mais en ces temps où venait de sévir le terrible écroulement d'un monde tout entier, les races les plus en vue furent pareillement les plus éprouvées. A la noblesse du nid il plut à Dieu d'ajouter le *res angusta domi* tant redouté du vieil Horace; Dieu, plus d'une fois, l'attache comme un aiguillon aux flancs de ceux qu'il a marqués pour l'honneur et pour les grandes choses.

—◆—

Le jeune Roches commença ses études au lycée de Grenoble, les acheva au lycée de Tournon, fut gradé bachelier et suivit pendant six mois les cours de droit à Grenoble. Mais, ayant tôt fait d'entrevoir la basoche et de lui tourner le dos, il eut tôt fait de même de tourner le dos aux invites de l'agriculture.

Son père, colon algérien, l'appelait auprès de lui ; il préféra visiter la Corse, la Sardaigne et l'Italie septentrionale, chargé de missions commerciales par des amis marseillais de son père. Vaincu pourtant par le devoir filial, Léon Roches se rend à Alger.

—✦—

Là aussi venait de croûler un monde, — pour un coup d'éventail inconsidéré. — La soif de se ressaisir agitait, autour de nous conquérants envahisseurs, les puissants débris de ce monde, fait d'aristocraties vingt fois séculaires.

Turcs vaincus mais soutenus encore par les vaillants Coulouglis, Marabouts vénérés et Seigneurs féodaux Arabes — enfin délivrés des Turcs, — se pressaient en foule dans la régence d'Alger, composant une société mouvementée, houleuse, cherchant sa voie nouvelle. C'est dans ce monde élégant et disparate, où son père avait ses entrées, que Léon Roches fit la rencontre de l'*incident* qui devait, par des voies étranges, diriger les fils de son existence aventureuse. C'est là qu'il rencontra *Khadidja*.

— ❖ —

Léon Roches était le *jeune* dont l'attirance devait conquérir si vite l'adulation des Arabes, le jeune dont les qualités solides devaient obtenir tant d'amitiés et d'admirations dans l'aristocratie Musulmane comme aussi parmi nos officiers d'Afrique les plus distingués ; il était l'homme que, plus tard, Bugeaud devait honorer de tant d'affection.

Khadidja, de sang mauresque et de sang géorgien, patricienne de grande race, se trouvait douée d'une beauté suprème illuminée

d'une âme que ses lettres nous feront voir.
Quand ils se virent pour la première fois, ils
étaient libres tous deux ; ils s'aimèrent d'une
grande et terrible amour.

—✳—

Ardent en toute choses, Roches pioche la
langue arabe avec frénésie, il est bien vite
nommé *Interprète assermenté;* il en remplit
brillamment les fonctions sous les yeux de
MM. Laurence et Piscatori, *missi dominici* du
Gouvernement français pour s'entendre avec
les Arabes.

Le Maréchal Clausel est nommé Gouverneur
de l'Algérie ; il rassemble six mille hommes
pour s'emparer de Médéah. Léon Roches se
sent brûlé du feu des combats, — tous les feux
ont brûlé Roches ; — il obtient du Maréchal de
faire partie de son État-Major, au titre d'interprète et principalement au titre de sous-lieutenant de cavalerie.... dans la Garde Nationale
d'Alger.

A l'heure du départ, Khadidja lui écrit : « Tu
« es un homme, mon *Lionne,* et je suis fière
« de toi. Agis en homme, Dieu te gardera ;
« mais si ton heure arrivait, tu sais bien que
« celle de Khadidja aurait sonné. »

Roches se devait d'agir en homme incontinent. La colonne se met en route ; au col de la
Mouzaïa, ses flancs, surveillés et protégés par le
capitaine Gastu qui commande les *Arabis,* mauvaise troupe indigène à notre service, sont
attaqués furieusement par les Kabyles embrous-
saillés.

Le Maréchal averti s'écrie, se retournant vers
son État-Major : — « Lesquels de vous, Mes-
« sieurs, s'en vont cravacher ces *pouilleux* au
« visage ? » L'État-Major s'élance tout entier
ventre à terre, s'enfonçant dans la fusillade.

Les Arabis fuyaient de toutes parts et, sous
l'œil de Roches, le capitaine Gastu tombait, la

face fracassée d'une balle. Les Kabyles se précipitaient sur leur proie.

Avec une poignée d'Arabis moins lâches que les autres, Léon Roches se précipite à son tour, enlève Gastu et l'emporte à l'abri du combat. En cette chaude affaire son noble cheval a le cou traversé d'une balle et n'en a même pas tressailli.

Le soir, au bivouac, le Maréchal félicite le jeune sous-lieutenant de cavalerie ; au retour de l'expédition il le porte à l'ordre du jour. Et voilà Roches épris à jamais de l'enivrement des batailles.

Gastu s'en tira. Devenu général, il eut jusqu'à sa mort une affection enthousiaste pour le caractère de Léon Roches.

Un peu plus tard le sous-lieutenant de cavalerie revoit Khadidja et la trouve mariée, par autorité souveraine de sa puissante famille, à un Musulman grand seigneur et soupçonneux qui, tôt après, l'enlève et l'emmène à Milianah, possession de l'Émir. Roches, affolé, décide qu'il ira à Milianah.

Mais, pour y aller, il faut être Musulman. Il se fait Musulman, il n'est plus Léon Roches, mais *Omar,* fils de Roches.

Or voilà que sur son chemin, ivre déjà de gloire, ivre d'amour, il se grise pareillement d'Abd-el-Kader.

—⋆◆⋆—

Les jeunes, aujourd'hui, ne sauraient avoir, comme nous, souvenance de l'engouement qui se prononça, dans toute la France, pour la personne d'Abd-el-Kader. L'Émir eut dans ce temps-là un prestige inouï.

Le traité de la Tafna était signé, nous étions en paix avec lui, il n'était plus pour nous qu'un voisin chevaleresque. — On le verrait chasser le Sultan vermoulu de Constantinople ; il était

Sultan lui-même, Émir et Marabout ; on le verrait, sous sa domination depuis les Dardanelles jusqu'à Tanger, étendre la paix sur le désert tout entier, sur le *pays de la peur.* — C'était un Paladin doublé d'un Alexandre, et c'était, par surcroît, un Idoménée.

Aux feuilles publiques comme à tous les théâtres, ce fut la coutume alors de ne point aller dormir sans avoir fait une incantation suivie d'une prière à l'Émir. Le public français sera toujours *un brave homme.*

— ❖ —

Omar, fils de Roches, lui aussi quelque peu halluciné, conçoit la folle pensée d'aller droit à ce héros prestigieux, au titre d'ami, de Musulman, de guerrier, de diplomate et que sais-je encore. Ce diable d'homme avait un clairon dans l'âme ! Il s'en fut droit à l'Émir.

CHAPITRE IV.

—

Il a vu l'Émir, la sensitive et l'impressioniste ici se révèlent :

— « *Enfin j'ai vu Abd-el-Kader et je t'écris*
« *sous le charme inexprimable qu'a exercé sur*
« *moi ce champion de l'Islamisme. Je crus rêver*
« *quand je vis fixés sur moi ses beaux yeux bleus,*
« *bordés de longs cils noirs, brillant de cette humi-*
« *dité qui donne en même temps au regard tant*
« *d'éclat et tant de douceur.*

« *Des sourcils noirs, fins et bien arqués, sur-*
« *montent les grands yeux bleus qui m'ont fas-*
« *ciné. Il tient toujours un petit chapelet noir*
« *dans sa main droite. Il l'égrène avec rapidité*

« *et, lorsqu'il écoute, sa bouche prononce encore*
« *les paroles consacrées à ce genre de prière.* »

« *Si un artiste voulait peindre un de ces moines*
« *inspirés du moyen âge que leur ferveur entraî-*
« *nait sous l'étendard de la croix, il ne pourrait*
« *choisir un plus beau modèle qu'Abd-el-Kader.* »

—❖—

Ainsi donc présenté à l'Émir par un grand personnage musulman dont il avait conquis l'amitié, Léon Roches en est favorablement accueilli :

— « Comment te nommes-tu ? » lui dit Abd-el-Kader.

— « Les Musulmans d'Alger m'ont nommé
« Omar, mais à toi, Seigneur, appartient le
« droit de me donner le nom qu'il te plaira. »

— « J'approuve le choix du nom d'Omar ;
« c'est le nom que portait avec tant de gloire
« le premier compagnon du prophète de Dieu.
« Qui t'a porté à embrasser l'Islamisme ? »

— « Plusieurs motifs, mais, le plus puissant,

« c'est le désir de connaître l'homme dont
« j'admirais le courage et les vertus ; c'est l'es-
« poir d'apporter à son grand œuvre de la
« régénération des Arabes le concours modeste
« de mon dévouement. »

—◆—

Tour à tour investi de confiance ou bien
soupçonné, jalousé et détesté des Grands de la
Cour, dénoncé par eux à l'Émir, interné et sur-
veillé à Tlemcen, puis rentré en grâce pour
devenir secrétaire intime et Conseiller d'Abd-
el-Kader, — Omar y fut l'idole des soldats de
Jugurtha et l'idole pareillement des nombreu-
ses tribus soumises alors à son empire.

Les ans qu'il écoula au cours de cette vie
étrange, jusqu'à sa fuite lorsqu'il vit l'Émir prêt
à nous déclarer à nouveau la guerre, — les
observations universelles dont sut se pénétrer
cet esprit si prompt à s'approprier toutes choses, sont, au livre d'Omar, un trésor dont je
vous laisse le plaisir et le soin d'extraire et

d'admirer chaque perle. J'en veux prendre deux en mes doigts pour vous les mettre ici sous les yeux : — *L'exil à Tlemcen et la rentrée en grâces. — Le siège d'Aïn-Madhi.*

Je les choisis telles, irisées de teintes diverses, pour que vous puissiez y saisir avec moi, en outre des traits saillants du caractère de Léon Roches, les aspects singuliers d'Abd-el-Kader, dont les actes les plus durs furent suivis, presque toujours, d'un retour empreint de générosité chevaleresque.

CHAPITRE V.

L'EXIL A TLEMCEN.

Après une ascension rapide à toutes les faveurs du Prince, Omar est bien près du bord de la Roche Tarpéienne. Les jalousies conjurées des Lieutenants d'Abd-el-Kader et de ses Khalifas, triomphent enfin de la confiance affectueuse de l'Émir : — *Cet homme est un Français, un espion sans doute, un chrétien peut-être.*

L'Émir interne Omar à Tlemcen, *pour qu'il s'y pénètre mieux du Coran,* sous un professeur religieux. Il y est mis, par son ordre, sous la surveillance du Khalifa Bou Hammidi, cruel et fanatique, ennemi déclaré de son prisonnier.

Hadj Béchir, son professeur de Coran, prend son élève en affection ; Bou Hammidi, furieux, le lui enlève et le remplace par un fanatique brutal. Notre compatriote est dès lors affamé, tourmenté, supplicié ; toutes les souffrances du corps et de l'àme viennent à la fois s'abattre sur cette énergique nature. Léon Roches est alité sur un grabat et sa mort approche.

—❖—

Si nos *Quelques pages* vont à lui dans la chère solitude où il goûte aujourd'hui *l'Otium cum dignitate,* Roches, qui pourtant est la bonté même, ne nous pardonnerait jamais de n'avoir pas consacré quelques lignes à *son* Isidore Dordeleau.

Soldat au 20ᵐᵉ de ligne à Alger, autorisé par ses chefs, Isidore avait travaillé durant deux années, au titre d'ouvrier agricole, sur les concessions de M. Roches. Il avait chassé le sanglier de concert avec le jeune Léon, fils de son maître ; subissant la loi commune, de Léon il avait fait son idole.

Son idole s'est enfuie aux pays légendaires de tous les périls, mais lui aussi, Isidore, a le grand amour des dangers, des combats et du sacrifice. Il est envahi de la nostalgie de Léon Roches ; où que soit ce maître qu'il aime, il entend le retrouver, le rejoindre et le servir. Il entend partager ses périls.

—✦—

Mais l'idole où donc est-elle ? auprès de l'Émir. Mais l'Émir, où cela se trouve-t-il? partout et nulle part. Nul ne sait le dire.

Enfin jaillit la lumière. Voilà qu'un déserteur gracié, rentré dans le rang à Alger, déclare arriver de Tlemcen. — « J'y ai vu, dit-il, M. Léon Roches, persécuté, malade, prêt à mourir. »

Isidore Dordeleau est soldat, mais il déserte sans hésitation, noble transfuge. Il déserte, il arrive ; il était temps.

Ici nous cédons la plume à l'idole d'Isidore, étendue à Tlemcen sur son grabat de souffrance.

— ❖ —

— « Dans un suprême élan j'élevai mon âme à Dieu, *je mourus;* je ne puis trouver d'autre expression, car réellement je sentis la vie m'abandonner. Combien de temps restai-je dans cette léthargie? je l'ignore absolument. Je me souviens seulement que, revenant à moi, et avant de pouvoir ouvrir les yeux, j'entendais une voix qui m'appelait par mon nom : « M. Léon ! M. Léon ! c'est moi, Isidore ! »
« Je sentais une douce chaleur pénétrer mes pauvres membres engourdis par le mal et par le froid. J'ouvris enfin les yeux, et, sous le costume arabe qui le couvrait, je crus reconnaitre... »

Oui, brave Lionne, c'était bien *lui*, c'était bien Isidore Dordeleau, et ce fut bien aussi le Dieu bon qui vous l'envoya dans votre agonie.

— ❖ —

Isidore avait eu du flair et la main heureuse, s'il avait déserté, pour accourir à son maître, dans l'espérance de rencontrer les dangers. A peine Léon Roches, rendu à la vie par les soins maternels de son serviteur, est-il en possession de ses forces, — tous deux prennent la fuite, le maître sur son excellent cheval, le serviteur sur une mule. A leur réveil, après une première nuitée dans un douar ami, cent cavaliers les ont entourés pendant leur sommeil, cent cavaliers bien commandés les ramènent.

—✦—

Pendant la route : — « Ce sera tôt fait, mon brave Isidore, dit Roches à son compagnon ; nous allons être vite jugés, et, si c'est la mort, plus vite encore exécutés. Tiens comme moi ton poignard caché dans ta poitrine. Si c'est la mort, au signal que je te donnerai, tous deux nous nous poignarderons, pour échapper au supplice lent et cruel que nous feraient subir les chaouchs. »

A l'arrivée à Tlemcen les cavaliers jettent leurs victimes dans la vaste cour où les attendait, triomphant, le farouche Bou Hammidi. Le sauvage a bien fait les choses ; il est assisté de ses secrétaires, de tous les Aghas, de tous les Kaïds et des Chaouchs sous ses ordres, — une cour martiale et les bourreaux.

— ✦ —

Léon Roches s'avance et, calme, se tient debout en face du Khalifa, les yeux dans ses yeux. Il met Isidore à son côté.

— « Tu connais, lui dit Bou Hammidi d'une voix fauve, le châtiment qui est réservé aux parjures et aux déserteurs. Tu as feint d'être musulman pour nous espionner, et tu retournais auprès des chrétiens pour leur porter les résultats de ton espionnage. Tu as mérité la mort et tu vas mourir.

— « Monsieur, dit Isidore à voix basse, c'est le moment, n'est-ce pas ? »

— « Attends un peu, dit son maître. »

— ✦ —

Ici Dieu inspira notre compatriote et lui souffla dans l'âme les grandes audaces. Les bras croisés, l'œil en feu, d'une voix forte et menaçante :

— « Ce n'est point à toi à fixer mon heure, dit-il, je ne mourrai qu'à l'heure indiquée par le Très-Haut. J'ai abandonné pour venir auprès de Sid el Hadj Abd-el-Kader, sultan des Arabes, ma religion, mon père et ma fortune. Arrivé près de lui, il m'a envoyé à toi pour m'instruire dans ma nouvelle religion, pour m'entourer d'égards et de soins. Moi fils de grande tente, tu m'as traité comme un juif, et à côté de ton luxe et de tes richesses, j'ai failli mourir de faim et de misère.

« Oui, je retournais vers les chrétiens, car il est écrit dans le Coran : Fuis ceux qui te maltraitent et te méprisent, et va chez ceux qui t'accueillent et qui t'estiment.

« Tes menaces, je ne les crains pas. Tu n'as pas le droit de me faire mourir sans l'ordre écrit du Sultan. Montre-moi cet ordre et je tends la tête au sabre de tes bourreaux. Si tu ne l'as pas, crains la vengeance d'Abd-el-Kader qui te demandera un compte terrible de la vie du musulman qu'il t'a confié. »

— ⁕ —

L'effet de cette parole enflammée fut prodigieux sur cette assistance mêlée. Au sein même de la Cour martiale, Roches a des amis et principalement deux fidèles, Hadj Béchir et Ben Nouna. Tous deux s'approchent vivement du Khalifa et l'entretiennent à voix basse.

Alors Bou Hammidi, sans même regarder la victime qui lui échappe : — « Nous voulons bien te pardonner cette fois, mais malheur à toi si tu tentais encore de fuir! »

Roches poursuit sa victoire! — « Mon seul désir est de fuir la terre où tu gouvernes, mais ce ne sera point pour retourner en pays chrétien. Je veux aller, j'ai le droit d'aller auprès de Sid Hadj Abd-el-Kader, ton maître et le mien. »

— ⁕ —

Le Khalifa veut se refaire alors sur le fretin; il ordonne de lier, comme ayant favorisé la fuite, Isidore et le malheureux portier n'ayant pas su tenir la porte close.

Roches s'élance, les prend par la main tous deux et montant à cheval pour gagner sa demeure, les fait marcher devant lui. Ben Nouna, une fois encore, parle vivement à Bou Hammidi : — « Eh bien donc ! qu'ils s'en aillent tous au fondouk, dit le sauvage en sa rage concentrée. »

CHAPITRE VI.

—

LA RENTRÉE EN GRACES.

Par son audace et par l'indomptable virilité de son âme, Léon Roches avait sauvé sa vie et celle de son serviteur. Il devait, tôt après, secouer les chaînes douloureuses de son exil par la révolte de son cœur contre l'injustice et l'ingratitude.

L'Émir se rend à Médéah, à sept journées seulement de marche de Tlemcen ; il n'est plus si loin de son exilé. Roches part à cheval, ouvertement, pour aller à lui ; il en a prévenu avec hauteur Bou Hammidi ; le Khalifa n'ose pas l'en empêcher. Le fidèle Isidore le suit sur sa mule.

En route ils sont rejoints chaque jour par de nouveaux compagnons qui demandent de voyager sous la protection d'Omar, fils de Roches ; ils arrivèrent à Médéah formant une caravane.

Léon Roches fait dresser sa tente et s'installe aux portes de la ville sous les arcades de l'aqueduc. Il change de vêtements et se rend de suite à la maison de Bou-Mezrag que l'Émir a choisie pour son séjour.

—✳—

A sa vue, dans la foule musulmane qui se presse avec des cris à l'entrée, un silence se fait, respectueux ; on s'écarte, il touche à la porte, — les chaouchs l'arrêtent, prétextant que l'Émir veut être seul.

— « Annoncez à l'Émir, dit-il à voix haute, qu'Omar, fils de Roches, arrive de Tlemcen et demande à lui parler. »

Un chaouch entre et ressort un instant après ;

il remet à Léon Roches quelques piastres espagnoles : — « Voilà de quoi prendre un bain et prendre du café. L'Émir te recevra demain matin. »

—✦—

Omar, alors, allume en son sein les fièvres viriles qui déjà tant de fois l'ont sauvé :

— « Je ne suis pas venu demander l'aumône ! » — dit-il à grande voix, et, cinglant la figure de l'envoyé avec les piastres d'Espagne, — d'un geste souverain il écarte les chaouchs et pénètre. Là, il se tient debout devant son maître.

— « Assieds-toi, Omar, dit Abd-el-Kader d'un ton sévère ; calme-toi et explique-moi les motifs qui t'ont fait quitter Tlemcen sans mon ordre. Ce n'est la conduite ni d'un homme poli, ni d'un sujet respectueux. »

— « C'est la conduite d'un *vrai croyant* maltraité par des gens qui n'ont de musulman que le nom », — dit Roches d'un ton ferme et restant debout. L'Émir allait interrompre :

— « Permets-moi de parler, accorde-moi du moins la faveur de m'écouter, et sois indulgent pour la rudesse de mon langage, car mon cœur est plein. »

— « Parle, je t'écoute. »

— « Je mériterais le sort que tu m'as fait à Tlemcen si je m'y étais soumis plus longtemps, et tu m'aurais méprisé si j'avais accepté l'aumône que tu m'envoyais par tes serviteurs pour m'éloigner de ta présence.

« Pour toi, fils de Madhi-el-Din, j'ai abandonné mon père, ma famille et mon bien-être. Séduit par la renommée de ton courage, de tes vertus et de tes nobles desseins, je suis venu t'offrir mes services sans arrière-pensée, et tu m'as exilé comme un espion de la France ! Tu as ajouté foi aux calomnies de vils Algériens qui redoutaient sans doute que je te dévoile leurs turpitudes.

« Est-ce là, je te le demande, ô Prince des croyants, l'accueil que tu devais faire à un chrétien de distinction qui avait librement embrassé l'Islamisme et qui venait apporter son concours à l'accomplissement de la tâche que tu as entreprise de régénérer ton peuple? »

Et voyant Abd-el-Kader prêt à prendre la parole :

— « Daigne encore écouter ce qu'il me reste à te dire.

« Je te jure qu'aucun mobile intéressé ne m'a poussé vers toi et que je suis prêt à te servir fidèlement. Mon bras, mon cœur t'appartiennent ; mais si tu dois douter de mon dévouement, je préfère te fuir au péril de ma vie. »

Ces paroles, Léon Roches les prononçait de cette voix montante que donne l'émotion quand elle est extravasée. Ses yeux n'avaient pas un seul instant quitté les yeux de l'Émir qui dut y lire la sincérité de son âme. L'exilé vit en effet la physionomie de son maître reprendre son expression douce et bienveillante ; il le fit s'asseoir et lui dit :

— « Tu es un homme, Omar, et j'aime par dessus tout celui qui est un homme. Pardonne-moi de t'avoir méconnu ; je réparerai mes torts envers toi. Tu ne me quitteras plus désormais que de ta propre volonté, tu seras mon fils, mon frère plutôt. Je ne t'offre ni jouissances, ni richesses ; ma nourriture sera la tienne, mes vêtements les tiens, mes armes et mes chevaux seront tes armes et tes chevaux. Celui qui aspire à la vie éternelle ne doit s'occuper, dans celle-ci, que des œuvres recommandées par le Prophète.

« Va te reposer ; que Dieu t'accompagne et fortifie ta foi. »

Roches, touché de tant de bienveillance, ému profondément de sa générosité, baise sa main qu'il pressait dans les siennes et se retire, séduit plus que jamais par cet homme qui exerçait le même pouvoir fascinateur sur tous ceux qui l'approchaient.

CHAPITRE VI.

L'Émir mande son intendant, Ben Fakha, ami de Léon Roches, et lui dit : « — Je te recommande mon fils Omar, donne-lui tout ce qu'il te demandera. Il a toujours vécu dans l'aisance et doit avoir plus de besoins que nous. »

Quand notre compatriote sort de cet entretien, les félicitations des Chaouchs, d'abord, n'en finissent pas, — « Sid Omar par ci, Sid Omar par là. » La joie est unanime, Isidore en oublie son entrevue avec Bou Hammidi.

Aux yeux des Lieutenants et des Khalifas, Sid Omar, fils de Roches, est bien vite redevenu l'homme nécessaire.

CHAPITRE VII.

—

SIÈGE D'AIN-MADHI.

L'Émir est hanté de son rêve, — *étendre sa domination sur le Sahara tout entier, depuis Tunis jusqu'à Tanger.* Il lui faut avant tout, pour son dessein, la possession d'Aïn-Madhi, vaste oasis et place forte qui commande le Désert.

En s'emparant d'Aïn-Madhi il détruit et supprime en même temps un rival redoutable, qu'il sait être son irréductible ennemi et que soutient une famille puissante.

Mais la place est occupée par un homme

redoutable, chef religieux à la fois terrible et vénéré, Sidi-Mohammed-el-Tedjini, ou, pour aller plus vite, *Tedjini,* que jamais Abd-el-Kader n'a pu ni réduire ni assouplir. Tedjini se tient accroupi dans la carapace de son imprenable Aïn-Madhi; l'Émir assiégera Aïn-Madhi l'imprenable.

— ❖ —

Il se met en route avec son armée tout entière. Omar, fils de Roches, est avec lui. Pénétrant au Désert, l'armée arrive en vue de la citadelle; elle est formidable la citadelle. Mais l'Émir veut *prendre.*

Légèrement déconcerté toutefois, il se tourne vers Omar et lui dit : « Toi qui es Européen, tu dois savoir prendre une place forte? » — « Pas précisément, dit Omar. »

« Si tu persistes néanmoins à prendre, il me
« faut examiner la place de près tout d'abord.
« Pour l'examiner et la connaître, il me faut
« de plus y pénétrer. Donne-moi une lettre de

« toi pour Tedjini, me donnant pouvoir de
« traiter pour la reddition. Avec ton ennemi je
« traiterai pour le mieux, s'il est possible.
« Sinon, j'aurai toujours vu son repaire. »

— « Jamais ! s'écria l'Émir. Pénétrer au
« repaire de cet homme, c'est pour toi la mort
« certaine, mon fidèle ami. »

— « Tu m'as dit toi-même que Dieu seul a
« marqué notre heure ; si Dieu n'a point marqué
« la mienne, je reviendrai. »

Et voilà Omar, fils de Roches, pénétrant au
repaire, le front serein.

Ici fut un des cas, si nombreux en sa vie,
de l'*impossible arrivé,* et ce fut, pareillement,
comme un chapelet d'incidents fantastiques.

Sa lettre à la main, hissé dans la citadelle par
une corde jetée du haut des murs, il est cueilli
brutalement et tombe aux mains d'une foule
démoniaque. Saisi, enlevé, porté comme une
proie, il est jeté finalement dans la cour inté-

ricure du palais du maître. La porte est sur lui
refermée ; dans la cour il se voit seul.

— ⬧ —

Pour s'éloigner des cris forcenés dont la porte
le sépare seule, Omar s'avance au long d'une
galerie que supportent des colonnes de marbre.
Au travers de grilles dorées il entrevoit, cu-
rieuses, des femmes richement vêtues. C'est le
Harem de Tedjini sans doute ; Omar est toujours seul, il avance ; ici le prodige.

— ⬧ —

Un très jeune mulâtre, de figure aristocra-
tique, apparaît furtif et va droit à lui : — « Tu es
« Omar, fils de Roches, n'est ce pas ? » — « Je
« suis Omar, fils de Roches, mais toi, qui
« es-tu ? » — « Peu t'importe, mais écoute-moi.
« Le peuple veut la mort que mon père n'ose
« lui refuser. La négresse Messaouda, qui t'a
« reconnu à travers ces grilles, m'envoie pour
« te sauver. Prends ce chapelet ; c'est celui que

« mon père envoie à ceux à qui il donne l'*aman,*
« la personne qui le tient en main n'a rien à
« redouter. Mais on vient, que Dieu te soit en
« aide. »

—⁕—

A peine le jeune prince a-t-il disparu que
douze nègres athlétiques, à figures féroces, font
irruption, saisissent Omar par son burnous et
le traînent brutalement en la salle du trône
devant le Marabout couché, nonchalant, sur des
coussins d'or et de soie.

— « Pauvre serviteur de Dieu, lui dit Tedjini
« d'un air bienveillant, tu as un maître ingrat,
« car il t'envoie à la mort. Tu es venu examiner
« ma ville, prépare-toi donc à mourir ; à moins
« que tu ne consentes à abandonner ton maître
« pour devenir un de mes serviteurs. Dans ce
« cas, je te comblerai d'honneurs et de riches-
« ses. »

— « La mort et la vie sont aux mains de
« Dieu, lui répond Omar, et tu ne saurais ni

« m'effrayer ni me tenter. Tu connais bien peu
« ma race si tu me crois capable de trahir mon
« maître. Laisse donc tes serviteurs égorger un
« homme venu à toi sans défiance, et qui tient
« en ses mains le gage que tu envoies comme
« signe de l'*aman*. »

Omar, alors, élève le chapelet au-dessus de
sa tête.

Peu à peu les habitants armés avaient envahi
et rempli la salle. Le Marabout, irrité, la fait
évacuer par sa garde nègre; il demeure seul
avec ses lieutenants et Léon Roches.

— « Qui t'a donné ce chapelet? »

— « C'est ton fils; je le lui ai demandé,
« et le pauvre enfant n'a pas pu me le refuser. »

— « Ta vie est sauve ! » s'écrie alors à grande
voix Tedjini.

Puis, en grand Seigneur, comme aussi en Mo-
narque guerrier bien tranquille, — après avoir
fait apporter un lunch opulent, bien servi et le

bienvenu, — il ordonne à ses Lieutenants de faire visiter à l'envoyé de l'Émir sa ville forteresse et ses provisions de bouche et de guerre. Il leur ordonne de veiller ensuite au retour d'Omar, qui doit être rendu sain et sauf à son maître.

De la ville et de ses fortifications, de sa double enceinte, de ses tours et murailles crénelées, — les Lieutenants de Tedjini ne cachèrent rien à Omar.

—∗—

Roches sort éperdu de cette violente épopée, non point certes pour les dangers qu'il a courus, les dangers seront toujours le plus vif attrait de cette âme ; mais le salut par le chapelet! mais la négresse Messaouda! La négresse Messaouda, c'est une apparition de Khadidja.

La négresse est sa nourrice, sa servante et sa gardienne fidèle. Là où est Messaouda est aussi Khadidja. Khadidja est dans Aïn-Madhi, au harem sans doute; ah, mais non! Mais où donc est-elle, grands dieux?

CHAPITRE VII.

Omar rentre au camp où le bruit de sa mort est répandu ; des acclamations l'annoncent à l'Émir qui le serre en ses bras et l'embrasse avec des larmes.

———

CHAPITRE VIII.

—

Mais au camp tout n'est pas roses. Deux assauts donnés à la première enceinte n'ont pas triomphalement réussi; ils ont permis pourtant d'envisager quel serait peut-être le sort d'un assaut à la muraille crénelée, barbelée de tours imposantes. L'avenir est assombri.

Entre temps, toutefois, une audacieuse contre-razzia vient sauver l'armée de la famine qui la menace.

L'Émir assiège bien Aïn-Madhi, mais l'armée assiégeante se trouve à son tour pas mal assiégée, elle-même, en plein désert et sans fortifications, par des tribus redoutables, amies de

Tedjini. Les *Larbàas,* principalement, groupe
compact de trois mille têtes arabes bien pourvu
de cavalerie, — enlèvent à Abd-el-Kader un
énorme convoi de vivres tout près d'atteindre
son camp, et qui seul pouvait conjurer la di-
sette dont les soldats commençaient à souffrir
cruellement.

— ✦ —

Après le coup, les Larbàas se sont retirés avec
leur butin à huit lieues du camp de l'Émir, —
bien tranquilles.

— Pour l'œuvre de razzier ou de contre-
razzier, une cavalerie est indispensable, et
l'Émir, en son armée entière, compte à peine,
en dehors des chevaux de son État-major, cinquante cavaliers disponibles, son petit escadron
de *Khiélas.* — Et cet escadron minuscule ne
saurait lui-même être distrait de la garde du
camp qui leur est confiée. Les Larbàas dorment
tranquilles.

— ✦ —

Mais il se rencontre qu'individuellement les Khiélas se trouvaient être tous des cavaliers de premier ordre, des cœurs de bronze, friands d'aventures, et, pour le moment, des estomacs creux ayant faim.

Les *cinquante* dépêchent deux députés à Léon Roches, lui demandant de se mettre à leur tête, et d'obtenir d'Abd-el-Kader l'autorisation de contre-razzier les Larbàas.

Roches acclame, mais l'Émir s'oppose : « — *C'est folie!* dit-il. »

Roches insiste : — « *Ne pas contre-razzier, c'est la famine et déjà la famine est au camp.* »

L'Émir consent à regret. Toujours sage, néanmoins, il ordonne que marchera, dans les traces de sa garde à cheval de la sorte aventurée, — le plus solide de ses bataillons de fantassins réguliers, — pour recueillir les cavaliers en détresse s'il en est besoin, — pour les soutenir contre un retour offensif, s'ils ont eu la chance de surprendre et de razzier.

— :•: —

Les *cinquante,* portant à leur dos chacun un fantassin d'élite, arrivent à la première aube, au moment du grand sommeil des Larbàas.

Comment ils pénètrent sur tous les points à la fois, comment ils surprennent, comment ils épouvantent, et comment surtout ils mettent en fuite, — c'est ce que vous rencontrerez dans le grand livre où cela se trouve. Tant est-il que ce fut une victoire splendide aux cent cavaliers ou fantassins.

— ❖ —

Et quand vint à les rencontrer le bataillon d'infanterie régulière marchant dans leurs pas, — ce fut le spectacle de convois entiers de chameaux et de troupeaux d'ânes, chargés de vivres à n'en plus finir, — une contre-famine.

Au retour, l'Émir, plein de joie, félicite Léon Roches et ses hardis compagnons.

— ❖ —

Le siège est serré, d'après les conseils et sous

le commandement de Roches. Dans cette armée de l'Émir, Roches rencontre et distingue une étrange individualité ; c'est un Hongrois, intelligent et d'esprit orné, chassé de sa patrie par l'adversité, réfugié d'abord dans nos spahis d'Afrique, puis déserteur et, finalement, soldat d'Abd-el-Kader au siège d'Aïn-Madhi.

Un homme brave et sûr, mais ami du silence, mystérieux, cachant quelque grande infortune, — *infandum servans sub pectore vulnus.*

Le Hongrois était de plus, par fortune heureuse, très expert en œuvres de taupe, en forages dissimulés, destinés à faire sauter les murailles. Roches en fit son directeur des approches.

Le temps marche et trois mois se passent, mais enfin — tranchées et galeries, sapes et chambres de mine, tout est prêt.

— ❖ —

Or voilà qu'au grand bruit de ce siège, dont est remué tout notre Sud-africain, deux princes puissants se rendent au camp de l'Émir. Tous deux sont frères aînés d'Abd-el-Kader et tous deux sont amis de Tedjini. Ils déplorent dès longtemps la guerre entre Musulmans sous les yeux du Chrétien envahisseur ; ils proposent avec autorité ; ils imposent leur médiation. L'Émir était trop profond politique pour leur résister.

Et c'est pourquoi, sans danger cette fois et plénipotentiaire de l'Émir, Léon Roches rentre dans Aïn-Madhi avec les princes et voit pour la seconde fois s'ouvrir devant lui les portes du palais du Marabout Tedjini.

—◈—

Il expose au Marabout que sa ville est minée invinciblement, et qu'elle volera en pièces à l'attouchement de sa première allumette.

Tedjini, visage à visage, le regardant d'un œil clair au fond des yeux : — « Jure Dieu que « tu dis vrai, lui fait-il. »

— Je jure Dieu, dit Omar à voix haute. »

— « C'est bien ! Omar, réplique Tedjini. Je
« te sais incapable de mentir à Dieu. »

Et la capitulation est signée. Dans ce monde
des princes arabes, la parole de Léon Roches
avait conquis déjà une valeur *fiduciaire*.

—◆—

Les princes rentrent au camp de l'Émir avec
Omar ; Abd-el-Kader embrasse avec effusion
son éminent négociateur devant les princes et
devant son armée.

Deux jours après, il distribue des récom-
penses honorifiques à ceux de ses guerriers qui
se sont distingués le plus durant le siège d'Aïn-
Madhi ; puis alors, et cela fait, à la porte de sa
tente, devant ses Lieutenants réunis, il attache
à la tête de Léon Roches la décoration des *Sept
plumes,* la plus haute distinction que l'Émir ait
créée aux temps de sa puissance.

Et pour donner tout son éclat à cette marque
suprême de son estime affectueuse, l'Émir, au
même instant, fit don à son intrépide Omar du

beau *Salem,* un coursier noir magnifique, petit-fils de *Godolfin-Arabian.*

— ✳ —

Deux mois après, Aïn-Madhi se trouvant évacuée par les habitants, aux termes du traité de la reddition, Abd-el-Kader, qui entend la détruire, demande à Léon Roches de faire éclater ses mines devant lui et ses Lieutenants et devant son armée entière. L'armée se range sur des éminences ; le signal est donné au Hongrois, la moitié de la ville saute en débris sous une explosion formidable, y compris le palais de Tedjini.

Durant cet exode des habitants, la plupart vient solliciter de Roches des lettres de protection pour se rendre en Algérie. Parmi ces émigrants, — tout à coup la négresse Messaouda se précipite à ses pieds avec des sanglots :

— « Où est Khadidja, s'écrie Léon Roches, Khadidja était au harem ! ».

— « Non, dit la négresse, elle était à la fenêtre

« de la mère de Tedjini. C'est elle qui vous a
« reconnu, c'est pour elle que la Sultane en-
« voya son petit-fils et le chapelet pour vous
« sauver. »

— « Mais, où est-elle ? »

— « Elle est morte cinquante jours après, et
« je l'ai ensevelie de mes mains. Son sépulcre
« est là-bas, dans ce qui reste d'Aïn-Madhi. »

Tous deux mêlèrent leurs larmes en des em-
brassements ; tous deux allèrent prier sur la
tombe.

Pauvre Khadidja ! Dieu donne l'*aman* de sa
miséricorde à son âme de princesse, loyale,
tendre et virile !

CHAPITRE IX.

———

Son triomphe politique et militaire d'Aïn-Madhi étant obtenu, l'Émir poursuit l'accomplissement de ses visées toujours grandissantes. Notre compatriote demeure à ses côtés son coadjuteur fidèle, mais une vision menaçante, toujours grossissante aussi, vient assaillir et déchirer son âme. Pour lui, — les signes en sont certains, — la pensée secrète d'Abd-el-Kader, qui sent grandir à son gré sa puissance, est de déclarer à nouveau la guerre à la France.

Roches frissonne d'horreur. Le devoir, alors, sera donc de rentrer lui-même au plus vite sous le drapeau français, mais comment fuir sans affronter la honteuse mort des transfuges !

Et fuir est odieux. Il aime ce maître qu'il a servi ; il l'aime, il l'admire, et dès longtemps il est coupable envers lui. Entre eux, il a mis un mensonge ; en son propre cœur, sur son front aussi, il a déposé la honte d'une tromperie qui l'écrase, — il s'est dit *Musulman*. La destinée, quelquefois, a des enchevêtrements implacables.

Roches est envahi d'une tristesse mêlée de terreur qui n'échappe point à l'Émir ; un spectre, dont les faces sont toutes terribles, se tient implacablement dressé devant lui.

—❊—

Le spectre était proche et devait apparaître à sa victime comme la foudre. Ce fut dans la chambre de l'Émir, où Roches se trouvait seul avec lui, en sa forteresse de Tagdempt.

Et ce fut le 31 octobre. — « *Date inoubliable, jour le plus terrible de ma vie,* DIES IRÆ ! *et qui, jusqu'à la mort, demeurera gravé dans mon cerveau »,* — nous a dit plus d'une fois dans nos entretiens familiers, et nous a répété dans son livre, cet homme au destin si étrangement tourmenté.

Il est seul avec l'Émir, une rumeur subite se fait entendre. Deux cavaliers exténués, à bout de forces, qu'amènent les lieutenants d'Abd-el-Kader, arrivent de Medjana. Ils ont parcouru quatre cents kilomètres en trente-six heures, pour remettre à Abd-el-Kader une lettre pressée du Khalifa el Mokrani :

— « *Le Maréchal Vallée et le* FILS DU ROI *viennent de franchir les Bibans avec une armée.* »

C'était la guerre !

—◦✦◦—

La chambre de l'Émir est pleine en ce moment-là de l'assistance accourue. Il laisse échapper d'abord des mots saccadés, puis, maîtrisant son émotion, il dit, d'une voix calme et d'un front serein : — « Louanges à

« Dieu ! l'infidèle s'est chargé lui-même de
« rompre la paix. A nous de lui montrer que
« nous ne redoutons pas la guerre. »

Et, jusqu'à la nuit, il ordonne, il fait écrire,
il fait partir. Il envoie des courriers à chacun
de ses Khalifas, afin qu'ils mettent sur pied de
guerre leurs contingents aussi bien que leurs
troupes régulières.

La nuit alors est avancée et, sur les ordres
de l'Émir, tous se retirent. Éperdu, dévoré
d'une fièvre ardente, Roches veut se retirer
aussi, — d'une main mise à l'épaule, Abd-el-
Kader le retient.

—·✸·—

Et quand ils sont seuls, portes closes :

— « Pourquoi cette tristesse peinte sur ta
figure, dit-il d'un ton sévère ; ne devrais-tu pas
au contraire te réjouir de l'occasion que Dieu
te donne de combattre les infidèles ? »

— « Je t'ai répété, maintes fois, lui répond
Omar, — que je redoute la guerre, parce qu'elle

sera funeste à toi et à ton peuple ; mais, d'autre part, crois-tu donc que mon cœur n'est pas déchiré à la pensée d'être forcé de combattre les enfants de la France, cette mère qui m'a nourri, élevé, et qui abrite mon père ? »

— « Tu prononces des paroles impies ! Que parles-tu de père et de patrie? Oublies-tu que, le jour où tu as embrassé notre sainte religion, tu as rompu tous les liens qui t'attachaient aux infidèles? Tu as parlé comme un chrétien, Omar, songe que tu es musulman. »

—◆—

Ici Roches, hors de lui, arrache de ses épaules sa terrible destinée.

Regardant fixement l'Émir, il lui dit d'une voix étranglée :

— « Eh bien, non ! je ne suis pas musulman ! »

La foudre serait tombée sur Abd-el-Kader qu'il n'eût pas été plus terrifié.

Il devint blême, ses lèvres tremblaient ; il leva les yeux et les bras au ciel ; puis il s'élança vers la porte. Léon Roches, jugeant son heure venue, fit un acte de profonde contrition et se prépara à mourir.

Abd-el-Kader, qui sans doute avait voulu s'assurer que personne ne pouvait écouter, referma la porte et vint s'asseoir en face de lui :

— « J'ai mal entendu, Omar, dit-il avec plus de douceur, tu n'as pas voulu prononcer une parole impie qui mérite la mort. Ta langue a trompé ton cœur. Chasse le Démon qui te possède en répétant avec moi la *cheeda* de l'Islam : « Il n'y a de dieu que Dieu, et Mohammed est son prophète. »

— « Non, Seigneur, assez de mensonge ! Je ne suis pas musulman. Prends ma vie, elle t'appartient ! »

— ✻ —

Et Roches, anéanti, demeura les bras croisés devant son Seigneur.

— « Joueur de religion ! joueur de religion ! » répétait Abd-el-Kader consterné.

Puis, se relevant et lui lançant des regards courroucés :

— « Va-t-en, dit-il d'une voix sourde. Je laisse à Dieu la punition de ton âme. Que ton corps disparaisse de ma présence. Va-t-en et garde-toi de répéter devant un musulman le blasphème que viennent d'entendre mes oreilles, car je ne serais plus maître de ta vie, va-t-en ! »

— ✸ —

Laissons parler ici notre compatriote :

— « J'aurais préféré la mort à cette réprobation. Je ne la méritais que trop, hélas ! Je courbai la tête et me retirai. Je rentrai immédiatement dans ma demeure où je fus saisi d'un accès de fièvre durant lequel je perdis complètement connaissance.

« Je ne devais plus revoir Abd-el-Kader, ce héros de mes rêves pour lequel j'avais abandonné père, bien-être et patrie, et que pourtant j'avais trompé de la façon la plus cruelle

en feignant d'être musulman. Je conservais du
moins, comme consolation, la conscience de
l'avoir servi avec un dévouement et une fidélité
sans bornes, et il me semblait m'être réhabilité
à mes propres yeux comme aux siens en lui
avouant ma faute au péril de ma vie. »

ABD-EL-KADER

CHAPITRE X.

—

Abd-el-Kader a maudit, il n'a pas puni, laissant Dieu punir. Mais quelles mesures va-t-il prendre ?

En la scène horrible a percé pourtant la haute générosité de son caractère ; il vient de partir pour Tlemcen sans laisser aucun ordre concernant la personne d'Omar. Il faut fuir, les murailles peuvent parler.

Mais la fuite n'est pas commode ; du Camp de l'Émir au Camp français du Figuier, près d'Oran, c'est l'affaire de trois journées de marche sur un cheval de premier ordre.

Et ce voyage, très compliqué en son itinéraire, se trouve de plus embroussaillé des partisans d'Abd-el-Kader, fonctionnaires ou bien soldats, plus appliqués que jamais à tout surveiller depuis que la guerre vient de s'allumer encore.

— ✦ —

Pour l'aider en cet exode dangereux, Roches possède deux compagnons d'une valeur inestimable, l'un pour la fuite et l'autre pour le combat ; — Salem, le cheval noir merveilleux dont l'Émir lui fit présent à Aïn-Madhi, et son fidèle valet de chambre, Isidore, — qui déjà lui sauva la vie, — un Sancho Pansa retourné, calme, prudent et sage comme Sancho, mais autrement guerrier que Sancho Pansa; un guerrier froid comme glace, l'œil toujours à son maître, la main toujours à sa carabine.

C'est d'Isidore que, devant nous, Léon Roches disait un jour: — « Avec lui, dans les dangers, je me suis toujours senti et toujours trouvé *deux*. »

— ✦ —

CHAPITRE X.

En un jour que nous allons dire, Léon Roches, en effet, eut à se féliciter d'être deux et
de se trouver doublé précisément du prévoyant
Isidore.

Ce fut entre Tagdempt et Taza, dans une
forêt de thuyas, en plein pays de Kabyles.
Entre Émir et Kabyles, la pensée secrète est
obscure et tend plutôt à s'éclairer définitive-
ment comme entre Guillaume Tell et Gessler.
N'importe, on est en paix toutefois ; mais
Roches eût pu se méfier un peu.

Il cheminait sans défiance en belle route, en
plein bois ; lui, tranquille sur son cheval,
Isidore le suivant sur sa mule.

A trente pas devant eux, subitement, quatre
cavaliers sortant du fourré barrent la route, le
fusil haut. — C'est le signe indiscutable d'in-
tentions hostiles.

—·:·—

A cette attaque imprévue, Roches met fié-
vreusement la main sur ses armes, — son fusil

double est emprisonné dans sa gaîne, il se sent perdu.

Mais, à l'instant, ses oreilles sont assourdies de coups de feu dont la flamme effleure sa joue ; ces coups de feu sont la participation du calme Isidore.

Et, sur la route, Léon Roches voit deux Kabyles tomber en selle ; il voit les deux autres faire rentrer précipitamment au fourré leurs compagnons tués ou blessés. — « Monsieur, dit Isidore paisiblement, croyez bien qu'il n'est jamais bon d'avoir son fusil dans sa gaine. »

—◈—

Mais Isidore était de plus le grand et noble cœur que voici :

Roches, s'ouvrant à lui, lui déclare qu'il va fuir. — « Quand partons-nous, répond Isidore. »

— « Mais toi, mon brave et fidèle ami, tu ne peux me suivre sous le drapeau de la France. Dès longtemps tu es déserteur. »

— « Ah ! Monsieur, il ne s'agit pas de moi.

CHAPITRE X.

Votre devoir, à vous, est de fuir ; mon devoir, à moi, est de vous suivre, quoi qu'il puisse arriver. »

Et, après une pause :—« C'est Monsieur votre père qui va être content ! Quand partons-nous ? » — Quel valet et quel maître !

—◈—

Deux formes d'exode clandestin s'offrent à leur esprit : se cacher le jour dans le taillis et cheminer durant la nuit ; ou bien cheminer le jour et, durant la nuit, reposer les montures. Ce dernier parti va mieux au caractère de Léon Roches ; Isidore le déclare également plus conforme à son tempérament.

Notre compatriote accomplit alors sa dernière précaution et ses derniers devoirs. Il annonce publiquement, pour le lendemain, son départ de Tagdempt pour Milianah, en vertu d'ordres d'Abd-el-Kader, et, la nuit, il va faire secrètement ses adieux à Lella Yemma, veuve d'Omar Pacha, sa vieille et fidèle amie. Il confie son projet de fuite à la noble dame, et remet en ses mains discrètes l'acte authentique de la répudiation qu'il fait de la femme musulmane que le soupçonneux Émir l'a obligé d'épouser.

Il recommande aux soins affectueux de sa noble amie cette épouse devenue libre désormais.

Le jour s'est levé. Accompagné d'Isidore, il quitte Tagdempt sans éveiller de soupçons, et quand tous deux ont atteint la solitude, ils se jettent dans le maquis.

Les trois périlleuses journées de leur pérégrination mouvementée, vous en trouverez le récit palpitant au livre de Roches. Omar ne sait rien du pays tourmenté qu'il doit parcourir, mais il est muni d'une boussole et d'un lambeau de carte. Il ignore quelles tribus il va traverser, mais il leur en imposera, par son nom, par les plis et *cachets* dont il a muni ses poches. Enfin, tous deux sont armés jusqu'aux dents, Roches, de son poignard et de son sabre, de ses pistolets excellents et de son long fusil arabe; Isidore, de son fusil double portant chevrotines.

Ils ne combattront qu'à bout portant, c'est formellement entendu, et tout est entendu de même; s'il faut fuir, Isidore, abandonnant sa mule, s'élancera sur Salem, au dos de son maître.

Les tribus, ils les traversent, et Roches leur en impose, montrant aux récalcitrants les plis de l'Émir; — leur route, des renseignements pris avec indifférence et confirmés par la boussole, leur permettent de la suivre à peu près exactement. — Les rencontres intempestives, leur sang-froid sait les déjouer, et des rencontres dangereuses, ils se tirent avec intrépidité.

Vers la fin du troisième jour, Isidore pousse un cri de triomphe et de joie; il a reconnu de loin la montagne d'Oran qu'il connait bien, portant en plumet son fort de Santa-Cruz.

— « En es-tu sûr ? » lui dit Roches.

— « Monsieur, j'en suis sûr. »

Et tous deux, la nuit arrivant, arrivent aussi, sains et saufs, au Camp français du Figuier, avec armes et bagages.

———

CHAPITRE XI.

—

Léon Roches, de retour parmi les Français, est nommé bien vite *Interprète de première classe,* avec assimilation au grade de Chef d'escadron dans l'armée. Le Duc d'Orléans l'attache à son État-Major.

Bugeaud vient prendre le commandement général en remplacement du Maréchal Vallée. Bugeaud était un homme flairant les hommes ; il mande auprès de lui Léon Roches :

— « Voulez-vous être attaché en tout et « partout à ma personne? »

— « Avec joie, mon Général, mais à la con- « dition de votre confiance inébranlable. Voilà

« *qui je suis,* voilà *ce que j'ai fait,* voilà *d'où je*
« *viens.*

« Des légendes fausses et des suspicions en
« découlent, inévitables.

« Hors les dangers, je suis *un timide;* les
« suspicions écrasent mon courage. Je veux
« votre confiance, je la veux entière, inébran-
« lable. »

— « Vous l'avez, lui répartit le Général. »

Et ce fut le jour où Bugeaud mit à ses côtés,
jusqu'à la pacification définitive, celui que,
depuis, il appela toujours « mon brave Roches ».

—✦—

Pour bien caractériser le portrait que nous
entreprenons, c'est ici la place de dire et de
figurer la façon personnelle et parfois un peu
bizarre dont Léon Roches entendit et pratiqua
toujours l'*interprétation* auprès des Arabes. La
vigueur de son caractère, aussi bien que ses
facultés prodigieuses d'attirance, de pénétration
instantanée et de résolution subite inspirée par

la circonstance, y gagneront d'être mises en relief une fois pour toutes. C'est pourquoi nous en choisissons un exemple.

—❖—

Bugeaud, voulant détruire Tagdempt et conquérir Mascara, rassemble une armée à Mostaganem. Il lui faut, pour son dessein, l'appui des Beni-Amer qui disposent de trois mille cavaliers et peuvent seuls ravitailler de transports et de vivres l'armée en campagne.

Or les Beni-Amer sont hésitants; deux fois déjà ils se sont ralliés à Abd-el-Kader et deux fois aussi à la France. Le Général mande leurs Chefs et les assemble à Mostaganem en présence des généraux Lamoricière et Bedeau, du colonel Cavaignac et d'autres officiers supérieurs. La séance de l'entrevue est ouverte; Roches est là présent dans ses fonctions d'interprète.

Personnellement uni d'affection avec tous les chefs Beni-Amer, il connaît leurs sentiments, il sait les motifs de leurs craintes et devine leur aspiration. Leur aspiration, c'est, avec l'*aman* pour leur conduite passée, l'engagement formel de les protéger mieux désormais contre l'Émir.

— �֍ —

Mais voilà que les paroles de Bugeaud sont de terribles menaces. Roches les reproduit tellement édulcorées qu'elles en deviennent empreintes de bienveillance.

Lamoricière et d'autres officiers, à qui la langue arabe est familière, alors foudroient l'interprète de leurs regards indignés ; l'interprète, impassible, contient Lamoricière et les officiers d'un œil de défi, mais d'un œil aussi qui les implore. Et la traduction libre s'en va son train.

Après encore deux répliques échangées, et sur une péroraison de Léon Roches, — ardente, impérieuse, autant qu'amicale, — les chefs Beni-Amer, par un entraînement spontané, viennent

se jeter tous aux genoux du Général, se soumettre, s'engager à fournir les transports et
donner incontinent des otages.

—◆—

Roches, durant la scène aux pieds de Bugeaud, s'approche vivement des officiers et dit
à Lamoricière : — « Voilà, mon Général, comment un interprète *fidèle* traduit les paroles de
son Chef irrité.

« Mais, je vous en conjure, pas un mot au
Général ! Il m'appartient de lui faire savoir moi-
même ce qui vient de se passer ici. »

Lamoricière, depuis ce jour-là, ne cessa de
témoigner à Léon Roches son affection la plus
vive, et dès le lendemain l'interprète avait
conclu avec son chef bien-aimé qu'en tout
palabre avec les Arabes, *le fond* serait au Général et *la forme* à lui, Léon Roches.

Et voilà de même comment et pourquoi, plus
tard, le Maréchal put écrire : — « Je l'ai vu,
maintes fois, ramener à nous, par le prestige de

sa parole, des tribus entières qui n'étaient plus
nôtres. » — Voilà pourquoi notre compatriote
fut appelé par les Arabes « *la parole du Maréchal* ».

CHAPITRE XII.

Une vision, la plus géniale sans doute qui se
rencontre en la vie si mouvementée de Léon
Roches, vient alors hanter son cerveau. La
force d'Abd-el-Kader est à peu près tout entière,
lui semble-t-il, aux versets du Coran qui punis-
sent de peines éternelles tout Musulman qui
fléchit un seul jour en la guerre sainte contre
les Chrétiens.

Mais Roches sait son Coran dès longtemps et
se met à l'approfondir encore. D'autres versets
semblent permettre aux Musulmans la soumission aux infidèles, quand la résistance est
devenue incontestablement impossible.

Donc, si la France, ou bien les Arabes de

l'Algérie, obtenaient d'un Concile, composé des plus illustres Ulémas de l'Islamisme, une *décision* permettant la soumission aux Musulmans Algériens, — l'Émir serait dépouillé de ses armes les plus terribles, et la France aurait sur son échiquier une *pièce* dont la puissance serait, dans l'esprit de Roches, incalculable.

—⁂—

C'est l'avis, pareillement, du Marabout Tedjini, le vaincu d'Aïn-Madhi, devenu l'adversaire implacable d'Abd-el-Kader qui a détruit sa ville, et devenu l'ami dévoué de Léon Roches. C'est l'avis aussi d'autres Marabouts très vénérés, formant une confrérie religieuse la plus puissante de l'Algérie.

Roches les connaît tous dès longtemps ces princes à la fois religieux et temporels, qui redoutent l'Émir et le haïssent, qui aspirent à la paix pour conserver leurs biens, leur pouvoir et la sécurité de leurs familles. Le sens poli-

tique dont il est doué va lui servir pour l'accomplissement de son dessein.

—◆—

La décision à obtenir d'eux, d'abord, est une
fettoua, une bulle. Cette bulle doit être approu-
vée authentiquement et signée par les autorités
les plus hautes de l'Islamisme, — à Kairouan,
en Tunisie, au Caire ensuite, et peut-être, s'il le
faut, à Médine ou bien à la Mecque.

Roches ouvre à Bugeaud son cœur et sa
conception ; le génie du grand Capitaine acclame,
autorise, et Roches, alors, manœuvrant secrètement et de concert avec Tedjini et les autres
marabouts adversaires de l'Émir, — un rendez-
vous est fixé pour la tenue d'un premier Concile
à Taitouan, point de départ et première étape
de la *fettoua* à conquérir.

—◆—

Vous savez si ce fut mince entreprise qu'aller
cueillir les pommes d'or au jardin des Hespé-

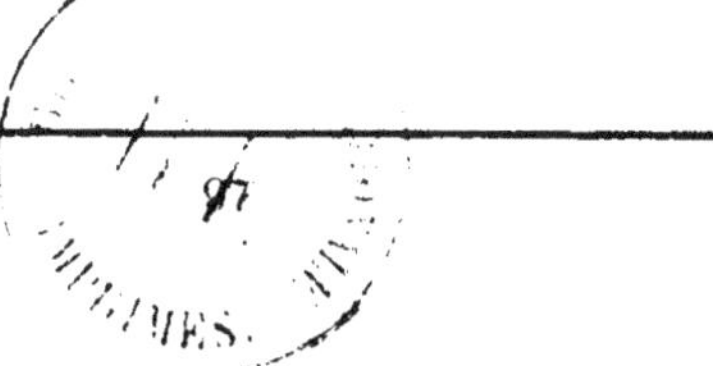

rides ; — aller cueillir à la Mecque une *fettoua* était besogne promettant la mort davantage encore. Avant Léon Roches, deux Européens seulement avaient pénétré à la Mecque, — en 1807, Domingo Badia, Espagnol, connu sous le nom d'Aly-Bey, et l'Anglais John Lewis Buret, en 1814.

Le péril était effroyable, mais Roches, pour l'importance de sa conquête, était décidé, formellement, à courir à la mort à peu près certaine. Nous le verrons toutefois, au cours de cette odyssée, toujours muni des précautions qui se pouvaient prendre en vue de son salut et du succès de son entreprise.

Tedjini, chef religieux dont les attaches s'étendent jusqu'à la Mecque, munit notre compatriote d'une carte circulaire, le recommandant aux Chefs religieux de tout l'Islamisme. Bugeaud, de son côté, emplit d'or les poches de son Argonaute et lui remet un crédit circulaire et sans limite pour tout Consul de France en pays musulman.

Auprès du Général, Roches s'est fait remplacer par le capitaine Daumaz, rompu comme lui aux affaires arabes ; il confie son beau cheval Salem, qu'il adore, au capitaine Vergé, son meilleur ami ; puis il fait ses adieux à son chef.

Bugeaud le couvre de ses larmes, et lui dit adieu comme à l'enfant aimé qu'il ne doit plus revoir.

Alors, tête baissée, suivi de son fidèle Isidore, notre glorieux ami s'élance dans les ténèbres redoutables d'une aventure mortelle.

— ✳ —

A Tunis, Léon Roches est devenu Sid Omar, musulman de costume, d'esprit, de langage. A Taitouan c'est, durant huit jours pleins, le Conclave des Ulémas et des Marabouts les plus vénérés ; c'est la discussion des versets du Coran invoqués par les Marabouts d'Algérie ;

ce sont les décisions des Pontifes, l'enfantement en un mot d'une *fetloua* digne d'être mise au monde.

Sur toutes ces écritures Sid Omar tamise sans mesure la poudre d'or dont Bugeaud a rempli ses poches.

Après le Conclave, c'est le Concile. Le Concile n'est autre chose que la présentation au baptême de l'enfant que le Conclave a conçu, et qu'il vient de porter durant huit jours en ses flancs. Le Concile se prête au baptême, et ses Marabouts vénérés apposent leurs signatures. Sid Omar, tremblant d'émotion, reçoit des mains du plus éminent des Pontifes l'enfant nouveau-né.

—◆—

L'enfant est superbe. C'est un volume de l'envergure d'un missel, — *rudis indigestaque moles,* — de dissertations théologiques, de versets controversés, de sermons que sans doute, ou peut-être, Bossuet n'eût pas désavoués, —

une Macédoine sacrée, portant un appendice,
une queue, — *in caudá venenum,* — conçue à
peu près en ces termes :

« *Quand un peuple musulman dont le territoire*
« *a été envahi par les infidèles, les a combattus*
« *aussi longtemps qu'il a conservé l'espoir de les*
« *en chasser, et quand il est certain que la con-*
« *tinuation de la guerre ne peut amener que*
« *misère, ruine et mort pour les Musulmans, sans*
« *aucune chance de vaincre les infidèles, ce peuple,*
« *tout en conservant l'espoir de secouer leur joug*
« *avec l'aide de Dieu, peut accepter de vivre sous*
« *leur domination, à la condition expresse qu'il*
« *conservera le libre exercice de sa religion, et*
« *que ses femmes et ses filles seront respectées.* »

—◆—

Au Caire, un des grands centres universitaires
de l'Orient, Sid Omar est présenté à Méhémet-
Ali par le général Selves, — *Soliman Pacha,* —
son compatriote grenoblois.

Le lion Musulman l'ayant écouté, l'interroge avec intérêt sur l'Émir, sur nos progrès en Algérie, et, finalement, lui fait bon accueil. Il appuie par dessous main l'approbation de la *fettoua* par l'assemblée, convoquée à cet effet, de la grande Université de Djemàa-El-Ezhar.

Là encore Sid Omar vide ses poches, et sable les écritures de la poudre d'or dont Bugeaud les a remplies.

La *fettoua* se trouve signée au Caire comme à Taitouan ; notre Argonaute se sent au comble de la joie.

— ❧ —

Mais les Pontifes signataires confessent eux-mêmes à l'envoyé secret de Bugeaud que rien de solide et d'indiscutable n'est fait encore. Ils tiennent pour indispensable que la *fettoua* soit revêtue de l'approbation d'un suprême *Medjelès*, composé des Ulémas du *Cherg* et du *Moghreb*, précisément alors réunis en la ville sainte à l'occasion du pèlerinage.

Sans cette formalité, — ils en conviennent et le déclarent, — les signatures de Taitouan et celles du Caire n'auraient pas plus de valeur, aux yeux des Arabes de l'Algérie, qu'aux yeux de Rotschild la signature de Socrate.

———

CHAPITRE XIII.

—

La résolution de Léon Roches est prise sans hésitation ; il va se rendre à la Mecque.

Au Caire, suivant sa coutume, il a gagné la considération affectueuse des personnages de nationalités diverses qui toujours abondent en la ville sainte Égyptienne. Fulgence Fresnel, un Français de haute marque en littérature aussi bien qu'en politique orientale, et de haute considération au sein de l'Islamisme lui-même, par ses liens d'estime et d'amitié avec les personnages religieux les plus vénérés parmi ceux qui président à l'interprétation du Coran, — Fulgence Fresnel le recommande chaudement au plus puissant d'entre les Cheikhs qui se rendent en foule à la Mecque, *Sidi Mohammed ben Omar el Tounsi*.

Fresnel dévoile au Cheikh l'origine de son ami Roches ; il le déclare converti à l'Islamisme et ne lui cache point son projet de conquête à l'endroit d'une *fettoua* dont il lui fait sentir les beautés pacifiques. Il l'intéresse au succès de l'œuvre et, l'ayant ainsi préparé, il l'abouche avec l'envoyé de Bugeaud.

Par la vertu de sa parole ardente et convaincue, toujours victorieuse, Roches a bien vite conquis l'amitié et le dévouement du grand Cheikh. Ils iront ensemble à la Mecque.

Prêt à partir et pourtant sûr à peu près de sa perte, il écrit ses adieux à Bugeaud ; il lègue son beau Salem à son chef aimé.

— ✠ —

Voici l'Argonaute à la Mecque. L'heure palpitante, l'heure suprême des grands espoirs et des grands dangers a sonné, mais el Tounsi montre bien vite la puissance de son appui

en obtenant sans retard, pour l'envoyé de
Bugeaud, une audience privée du grand Chérif
de la Mecque.

Un grand personnage se présente, qui dit à
Roches : — « Tu es bien Sid Omar ben Abd-
Allah-el-Djesaïvi ? »

— « Je le suis, répond l'Argonaute. »

De beaux chevaux richement caparaçonnés
et conduits par des Nubiens, le conduisent
alors, en vingt minutes, à la maison de plai-
sance du Chérif. Roches est introduit, seul,
dans une salle richement tapissée d'étoffes de
soie brodées d'or. Deux nègres ouvrent une
porte dissimulée dans les tentures ; un Arabe
de haute mine apparaît, un des types les plus
beaux qu'ait jamais produits la race d'Ismaël.

—*❖*—

La couleur bistre de sa peau donne plus
d'éclat encore au regard de ses beaux yeux, à
la blancheur de ses dents ; sa barbe fine et rare
est à peine teintée de blanc, ses extrémités

sont remarquablement distinguées. Son costume est exquis d'élégance et de simplicité.

C'était là Sidi Mohammed Ebnou Aroum, grand Chérif de la Mecque.

L'accueil du Chérif est gracieux, inespéré, parfait. — « Il sait qu'il a devant lui l'ami du « vénéré Cheikh el Tounsi, et l'ami, pareille- « ment, de son propre ami *Frinil*. Frinil vient « de lui écrire sa chaude recommandation « pour lui, Sid Omar, qu'il est heureux d'ac- « cueillir. »

Il retient Roches auprès de lui durant cinq journées en sa demeure des champs, *Taïf*. Entre ces deux hommes, qui se devinent l'un l'autre, les jours sont dévorés en des entretiens empruntés à l'abandon des Tusculanes, mais empreints, toujours, de la grandeur des sujets mis en controverse.

—✻—

Le fin Chérif laisse voir à Sid Omar qu'il connaît sa véritable origine et sa vie entière;

il discute la *fettoua,* s'enquiert du séjour de Roches auprès d'Abd-el-Kader et de tout ce qui se passe en Algérie. Tout l'intéresse et tout est par lui instantanément pénétré. Mais c'est dans *Trente-deux ans à travers l'Islam,* dans ce livre seul, qu'il peut vous être donné de saisir et d'admirer, dans les entretiens d'Aroum et de Sid Omar, les ressorts cachés de la puissante foi musulmane.

Le Chérif, à la fin fasciné, mais d'une fascination volontaire qu'acceptent ensemble sa politique, sa haute raison et son esprit perspicace, dit finement à Sid Omar :

— « Eh bien, c'est fait ! *digne élève* de mon « ami Frinil. »

Et saisissant l'opportunité de la présence au pèlerinage des Ulémas de Bagdad, de Damas, de Médine et de la Mecque, — il convoque un *Medjelès* en sa vaste demeure de Taïf.

A ce *Medjelès* de Taïf, en dépit de la violente opposition de marabouts fanatiques, la *fettoua* reçoit enfin sa consécration suprême. La pomme d'or est aux mains de l'Argonaute.

—⚜—

Ce grand triomphe politique est l'œuvre de Léon Roches, comme il en est la conception. Son entreprise audacieuse d'obtenir une *fettoua,* aussi bien que sa résolution plus que téméraire d'aller lui-même la solliciter jusqu'à la Mecque, se trouvèrent providentiellement accompagnées jusqu'au bout par les secours les plus puissants et bien souvent les plus inattendus. A Taitouan, c'est Tedjini et les marabouts Algériens adversaires d'Abd-el-Kader ; — au Caire, c'est le Grenoblois Soliman Pacha, et c'est encore Méhémet Ali lui-même ; — à la Mecque enfin, c'est l'appui souverain de Fresnel, qui lui ouvre, au palais d'été du Chérif, l'intimité du plus grand chef politique et religieux de l'Islamisme.

Mais, dans cet enchaînement prodigieux de péripéties, c'est la pénétration géniale de notre

glorieux compatriote, c'est son esprit si délié
et si prompt à tout saisir, c'est enfin ce don
d'*aimantation par la parole* qui fut toujours en
lui, — qui coordonnèrent, en cette grande entreprise, les bonnes volontés des hommes les
plus éminents et les circonstancés les plus
heureuses.

Pourtant un bolide était dans l'air. Sid Omar
avait reçu la visite narquoise et visiblement
menaçante de deux malandrins musulmans
dont il avait été reconnu, et qu'il avait fait
punir pour faits coupables en Algérie. La visite
avait secoué son esprit d'une sensation vipé-
rine. — « A la garde de Dieu ! avait dit Roches
en lui-même ; en telles foules se dissimuler est
facile ; un homme, ici, est introuvable, mieux
ici qu'en aucun autre lieu qui soit au monde. »
Immenses en effet sont les foules au pèlerinage de la Mecque ; mais la foule entre les
foules, c'est au sermon sur le mont Aàrafat.

Trois jours à l'avance, en vue du sermon, viennent camper autour du mont Sacré les masses pèlerines de la Perse, de l'Afrique et de l'Arabie tout entière.

Le jour est venu du sermon ; le sermon dure jusqu'à la nuit ; à la nuit, Sid Omar se trouve enfermé dans les masses compactes autour du mont.

—◈—

Venant de loin et grossissant toujours, un mouvement formidable s'opère et vient aboutir à lui : — « *Hé, le Chrétien ! Saisissez le Chrétien, saisissez l'impie, fils de l'impie !* »

Écrasé par cent mains puissamment fortes, baillonné, emmailloté, Roches ne peut plus ni voir, ni rien entendre, ni respirer. Il recommande son âme à Dieu.

Il sent son corps disputé, puis jeté avec violence sur une planchette ; la planchette, brusquement, s'élève et l'enlève comme par un ressort. Son corps inerte est sur un méhari qui l'emporte alors dans sa course vertigineuse.

—◆—

Quand il émerge de ses évanouissements, il n'a plus ni baillon, ni ligottage, ni bandelettes, il est libre et seul dans une salle éclairée d'un cierge géant, aux volets épais, clos avec solidité.

Des nègres athlétiques paraissent, et lui servent avec respect un repas copieux et succulent. Puis, secrètement, à la faveur de la nuit noire, il est conduit à la demeure, à la Mecque, d'Aroum, le grand Chérif, qui vient de lui sauver la vie par miracle.

Toujours secrètement, Aroum part avec lui et l'accompagne à son propre navire qu'il a fait préparer et mettre sous voiles. Là il embrasse Roches avec émotion, l'embarque pour Alexandrie par la voie des caravanes de Koélir et de Kemé, et s'enfuit lui-même avec précaution dans son palais.

CHAPITRE XIII.

Ce drame fantastique, inouï, avait les dessous qu'on va lire :

—✦—

Les deux malandrins Algériens, pour bien assurer leur vengeance, avaient fait choix d'un Madhi fanatique, et s'étaient empressés de lui dénoncer Sid Omar comme espion et comme chrétien. Le Madhi, à son tour, l'avait dénoncé au grand Chérif lui-même, invitant impérieusement à faire son devoir le gardien suprème de la foi musulmane.

Aroum, ne pouvant que feindre, avait complimenté le zèle du Madhi, mais il avait secrètement donné l'ordre à toute sa garde nègre de se répandre aux foules du sermon et de se porter rapidement partout où viendrait à éclater un tumulte. Ces hommes forts avaient pour mission de ravir eux-mêmes à tout prix la victime à ses ravisseurs, et de l'emporter rapidement sur un méhari.

Son salut miraculeux, Léon Roches le devait
tout entier aux promptes mesures d'Aroum, à
son affection sitôt et si bien conquise, aux Tusculanes de Taïf.

CHAPITRE XIV.

—

Sid Omar est redevenu Léon Roches, il est à Rome, la Chrétienne. A Rome il est accueilli, acclamé avec chaleur, avec admiration par tous les hauts esprits européens toujours groupés aux pieds du Pontife ; il y rencontre une société d'élite offrant le charme inexprimable qui émane des cœurs envahis par la charité, et des hautes intelligences éclairées par le flambeau du Christianisme.

Ce sont, du côté Français, — avec Mmes de Rohan-Chabot et comtesse de Gontaud-Biron, le comte de Montaigu et Gaston de Ségur ; c'est Hébert son compatriote, à la Villa-Médicis, et c'est le comte Septime de Latour-Maubourg à l'Ambassade de France. Le Très Révérend père Roothan, Supérieur général de l'Ordre des Jésuites, présente Léon Roches au Souverain Pontife ; Grégoire XVI, dès son abord, lui donne affectueusement sa bénédiction et l'interroge avec un vif intérêt.

— ❖ —

Alors que se passe-t-il en lui ? Quel besoin inavoué de détente et de repos, — ah, grand Dieu non ! — quelle fougue plutôt, nouvelle et plus puissante encore, vient de le détourner de sa voie et saisir cet homme épris jusqu'alors des dangers chevaleresques affrontés pour les entreprises généreuses ? Nul ne le saura, et peut-être aujourd'hui lui-même est-il impuissant à s'en rendre compte. — A Rome, Roches veut, fermement, avec toutes les grandes ardeurs de son âme,... se faire Jésuite.

Il émerge des grands périls, glorieux du succès d'une entreprise à la fois humanitaire et patriotique, et, tout à coup, renonçant à son œuvre, il veut se faire Jésuite! Qui pourra vous sonder jamais, tempêtes, abîmes et profondeurs ignorées du cœur de l'homme!

—◆—

Eh bien! nous nous expliquons cette aimantation subite et nouvelle de Léon Roches vers le *sacrifice*. Il a courbé sa tête sous cette bénédiction incomparable *Urbi et Orbi;* sous les voûtes de Saint Pierre il a entendu le *Miserere,* peut-être aussi le terrible *Dies iræ;* il a pénétré, il a respiré dans cette enceinte du *Gésu,* temple à la fois de la simplicité, de la grandeur et de l'immutabilité. *Sint ut sunt aut non sint!*

—◆—

Roches s'est toujours méconnu lui-même. Au cours de son livre, ses étonnements en présence de ses propres actes, sa stupeur, quelquefois, à l'endroit de ses états d'âme, en font foi d'une façon indéniable.

La guerre, il ne l'aima que pour ses dangers.

Au cours de tant d'expéditions militaires dont il fut le coadjuteur si merveilleusement utile, nous le voyons épris d'un seul amour, la passion des dénouements pacifiques. Les Arabes, qu'il combattit pendant tant d'années aux côtés de nos Généraux africains, ne s'y trompèrent pas. A leurs yeux, Léon Roches n'était *contre eux* qu'un chevalier pacifique, un chevalier conquérant sans doute, mais avant tout le chevalier de l'amour mutuel, le chevalier de la paix. Ne s'y trompant pas, ils l'aimèrent ; ils l'aiment toujours.

—❦—

Eh bien ! à Rome, la ville des Césars, la ville chrétienne et sainte aujourd'hui, d'où rayonne sur l'univers cette admirable foi catholique toujours plus vive quand elle est plus attaquée, impérissable parce qu'elle est et demeurera la délivrance des humbles, — Roches se trouva saisi de la passion de l'apostolat sans pareil, de l'apostolat qui promet la mort.

CHAPITRE XIV.

Jamais àme tourmentée ne fut faite et mieux préparée que son àme pour la joie du chemin enfin trouvé, pour l'enivrement à la vue de la terre ferme, inébranlable. *Stat crux cum volvitur orbis.*

Et parmi toutes les corporations religieuses qui sont, autour du Souverain Pontife, les gardes du corps de la foi, quel ordre de Chevalerie pouvait l'attirer et l'envahir mieux que cette noble phalange du sacrifice, amoureuse de signer de son sang son passage et dont les flots de toutes les mers, sur tous les rivages, balancent les os blanchis !

Aux âmes pareilles à l'àme de Roches, l'aspect du sacrifice est capiteux. — Notre ami veut se faire Jésuite.

—✷—

Dans une lettre pleine d'émotion, attendrie et respectueuse, Léon Roches annonce au Maréchal son entraînement à sa destinée nouvelle et sa ferme résolution d'y obéir. Bugeaud se sent pris, à cette nouvelle, d'une de ses colères les plus virulentes.

Par l'un de ses aides de camp, le capitaine Vergé, qu'il sait être le meilleur ami de son « brave Roches », il fait écrire au futur Jésuite que, s'il ne rentre incontinent auprès de son chef militaire, il le fera saisir où qu'il se trouve et fusiller sur l'heure comme déserteur.

Mais là ne se bornent point les précautions et les mesures du Maréchal. Il fait intervenir le Ministre de la Guerre auprès du Ministre des Affaires Étrangères; celui-ci donne l'ordre à M. de Latour-Maubourg qui représente la France auprès du Vatican, — d'intervenir en son nom et d'obtenir de Grégoire XVI qu'il interpose son autorité religieuse.

Le Pontife mande Léon Roches auprès de lui, tourne le visage du néophyte au plein vent de l'Algérie, puis, lui appliquant ses deux mains paternelles aux deux épaules, — il le pousse avec tendresse à son Maréchal, à son vrai devoir, à la France.

—*❖*—

Converti de la sorte, le néophyte rentre à Alger. Ses camarades de l'armée l'accueillent de félicitations affectueuses; de Garranbe et Vergé, attachés à l'État-Major du Maréchal, lui témoignent leur joie profonde. Les Chefs musulmans, attristés depuis plusieurs mois du bruit de sa mort violente répandu par les pèlerins de la Mecque, montrent leur allégresse en le revoyant; son père le serre en ses bras avec larmes.

Le Maréchal, lui, *n'a rien su* de ses visées d'apostolat. Avec une délicatesse exquise, il n'entretient son « brave Roches » que des dangers qu'il a courus, de l'intrépidité qu'il a déployée au service du succès de la *fettoua,* des hautes protections que les ressources de son esprit diplomatique ont su conquérir — à Tunis, en Égypte, à la Mecque. Plus que jamais le bon

Maréchal témoigne sa confiance affectueuse à notre compatriote.

Enfin, et c'est bien là le côté humain, il retrouve avec une joie d'enfant, une joie d'Arabe, son magnifique cheval *Salem,* don de l'Émir, si bien soigné par le capitaine Vergé durant son absence. Il le monte avec ivresse, toujours plus souple et toujours plus fougueux.

Au point de vue du cheval, Léon Roches fut toujours un Arabe; il aime redire ce dicton des enfants du Désert : — « Il y a, entre les deux « oreilles d'un cheval rapide, un verre toujours « plein d'une liqueur délicieuse. »

CHAPITRE XV.

———

Dès son retour auprès de son chef, et d'accord avec le fin politique qui fut en outre un grand Capitaine, Roches s'applique avec ardeur à la diffusion, parmi les Arabes, de la *Fettoua* si valeureusement conquise. Par lettres, par émissaires secrets, en des entrevues dissimulées, — il resserre, il étend ses liens de politique affectueuse avec Tedgini et les marabouts les plus importants des corporations religieuses de l'Algérie.

La guerre entre l'Émir et la France devient active plus que jamais; les campagnes se succèdent, Roches toujours auprès de son chef. Parmi les épisodes émouvants de ces campagnes, il nous plaît d'en choisir un seul et nous le choisissons entre tous parce que s'y rencontrent, dessinés bien nettement, le *faire* de notre compatriote vis-à-vis les Arabes, la grandeur et l'humanité de Bugeaud, et, d'autre part, la rudesse empreinte quelque peu de cruelle sauvagerie de celui qui devait être un jour le glorieux vainqueur de Malakoff.

—⋅❖⋅—

L'*Ouarensénis*, en ces jours-là, est tout entier au pouvoir d'Abd-el-Kader. C'est un vaste pâté de montagnes, occupé par des tribus importantes ; nous n'y avons encore jamais pénétré. Bugeaud décide une campagne militaire au sein de l'Ouarensénis.

Il part avec son armée, poussant devant lui une puissante Avant-garde commandée par le colonel Pélissier, chef de son État-major ; le camp du Général en chef vient après.

On pénètre, on avance, refoulant les tribus hostiles.

Au détour d'un col, un spectacle inattendu vient s'offrir aux regards surpris de l'Avant-garde, Pélissier a devant lui un amas des tribus refoulées, une foule énorme acculée dans une vallée sans issue. Ce sont des guerriers, des femmes et des enfants ; le Colonel prend ses mesures pour fondre à l'instant sur cette accumulation d'insoumis.

Léon Roches qui toujours, en ses fonctions d'interprète en chef, précède l'Avant-garde elle-même pour *cueillir* les parlementaires et préparer les soumissions de tribus, voit accourir à lui un cavalier sans armes qui lui crie de toute son âme : — « *Aman ! Aman !* Sid Omar, « pour Dieu ! épargne nos femmes et nos en- « fants ! »

Roches était alors, pour les Arabes reconnaissants, le *Sid Omar* de la conquête de la *fettoua*. Le cavalier était un des vieux amis de Roches, Mohammed bel Adj, — Kaïd des Beni-Ouragh.

—✦—

Roches supplie alors Pélissier de suspendre l'attaque jusqu'aux ordres du général, auquel il va conduire le Kaïd. Le chef d'État-major, ne pouvant refuser, consent d'une humeur massacrante. Incontinent Roches se rend au camp de Bugeaud, accompagné de Mohammed.

Avant d'introduire le Kaïd il s'entretient seul avec son chef : — « Mohammed qui va conférer « avec vous, mon général, a de nombreux et « puissants amis Marabouts ou chefs politi- « ques, disposés comme lui à se soumettre à la « France, à la seule condition d'en être pro- « tégés contre l'Émir. C'est ici le cas d'une « victoire politique que j'estime très impor- « tante. »

Le général s'entretient alors avec Moham- med. Le Kaïd gagne ses sympathies par son attitude à la fois digne et respectueuse, par la franchise de son regard. Mohammed s'engage à la soumission, pour lui, pour les marabouts ses amis, et, comme gage de sa parole, il offre au général des otages.

Bugeaud lui répond : — « La parole d'un « homme comme toi est le meilleur otage. »

On règle alors la *soumission*. Mohammed, dès le lendemain à huit heures, amènera au camp du général tous les chefs insoumis qu'il dénombre, et là, solennellement, auront lieu les cérémonies en usage de la soumission.

—❈—

Mais Pélissier, lui aussi, s'est rendu au camp de son Chef. Il lui expose le mécontentement et les murmures de sa colonne, la nécessité de mener *rondement* les opérations militaires, de *cogner dur* en un mot. Il ne lui cache point ses doutes sur la sincérité des clients de l'Interprète en chef. Roches écoutait, silencieux, la bucolique de Pélissier.

Toutefois, après que s'est retiré le Colonel, notre compatriote, ému des responsabilités qu'il assume, prend une résolution instantanée et pleine de périls. Seul, dans la nuit profonde et loin du camp, il s'enfoncera sur les traces de Mohammed, il ira le rejoindre au sein du Conseil qu'il tient cette nuit même avec les Marabouts.

Il rejoint en effet le Kaïd dans un village. Il prend contact avec les Marabouts et s'assure de leur sincérité; ils seront au camp le lendemain à huit heures.

Le lendemain, à huit heures, le Général entouré de son État-major attend les Marabouts, dans son camp, sous sa tente. A neuf heures ils ne sont point arrivés; Pélissier déjà a prononcé le mot de *mystification*. A neuf heures et demie, le Colonel regarde Léon Roches, et lui dit d'une voix stridente : — « Monsieur, en campagne on fusille les traî- « tres. »

Cinglé par l'outrage cruel, terrible, inouï, — Roches, fou de rage, a tiré son sabre et le dirige, pointe en avant, sur la poitrine de son supérieur. Rivet se précipite et, dans

ses bras vigoureux, il étouffe l'homme et le
sabre.

— ✦ —

Bugeaud, impassible, ordonne à l'Interprète
en chef de monter à cheval et d'aller en avant
s'enquérir des Marabouts. Léon Roches, inerte,
est hissé sur son cheval par les Spahis chargés
de l'accompagner ; il ne reprend un peu de force
qu'à la rencontre d'une grande foule marchant
en bon ordre.

En tête de cette foule apparaissent, conduits
à la main, les chevaux de soumission. Puis,
les présents des tribus pour le Général, et les
provisions pour son armée, — les moutons
rôtis entiers, les vastes jarres en bois du
couscoussou ; à la suite de ces présents,
les hordes de mulets pour les transports du
Général.

Les Marabouts apparaissent à leur tour, en
tête de plus de mille Arabes les plus autorisés
des tribus. Roches, ayant conduit et présenté

ce grand cortège à son Général, tombe inanimé ;
on l'emporte.

—·×◈×·—

Le lendemain, quand il a repris ses sens, il se
sent embrassé par Pélissier qui l'a veillé toute
la nuit dans son délire, et qui lui dit : — « Par-
donnez-moi ! mon brave Roches, pardonnez-
moi ! »

Depuis ce jour et jusqu'à sa mort, Pélissier
fut un des amis de Léon Roches les meilleurs
et les plus ardents. En des lettres écrites à son
ami depuis le drame de l'Ouaransénis et publiées
dans *Trente-deux ans à travers l'Islam*, le Duc
de Malakoff, cet homme de fer à la parole parfois si cruelle, ce cœur de bronze à la façon
de Lesdiguières, vous apparaîtra comme un
cœur capable des tendresses les plus exquises
que puisse inspirer *l'amitié sainte*, effluve des
âmes généreuses.

MARECHAL BUGEAUD

CHAPITRE XVI.

——

Durant toute la guerre africaine, ce fut la passion et le grand honneur de Léon Roches de rechercher avec ardeur la voie des solutions pacifiques, la voie de l'humanité, et d'y faire incliner ses chefs. Nul mieux que lui n'eut à la fois la volonté et le pouvoir d'y réussir.

Français *autant que pas un*, — Bugeaud lui en a signé le diplôme, — il connaissait ce monde compliqué des Arabes, et seul il avait sa confiante amitié. Sous tous les chefs militaires qui l'ont eu en leur État-Major comme Interprète général, en toutes expéditions auxquelles il ait pris part, on le retrouve toujours le même, — préparant le chemin de la conquête pacifique, ou bien, si les Dieux en avaient autrement décidé, — préparant la victoire de nos armes.

Tout à l'heure, à propos d'épisodes autour de la bataille où furent dissipées comme poussière les masses profondes des cavaliers marocains, nous verrons combien le Maréchal Bugeaud fut précieusement renseigné par lui, dès l'avant-veille de sa grande victoire d'Isly.

—·❖·—

L'achopement d'un *diseur* qui manque d'aplomb, c'est l'interruption. Aux derniers mots que je viens d'écrire, un excellent ami cependant, mais un timide trop épris des recommandations d'Aristote, me met la main affectueusement sur l'épaule :

— « Ah çà, me dit-il, votre fantaisie, sans se
« soucier de nos soubresauts, nous a déjà
« pas mal promenés à son aise à travers l'Asie
« ou l'Afrique. Vos *Quelques pages sur Léon*
« *Roches* s'en vont-elles, tout à l'heure, nous

« faire écouter le récit de la bataille de Mara-
« thon ? »

J'ai répondu sans hésiter : — Mon ami, tenez
pour certain que je vous dirais Marathon s'il
en était besoin pour la cause. Mais Isly, qui
déjà touche à Marathon par la disproportion du
nombre, par la sérénité du chef, imperturbablement assuré de sa victoire, par le sang-froid
et l'intrépidité de sa petite armée durant trois
heures enveloppée, — la bataille d'Isly, si jus-
tement admirée pour toutes ces causes, fut
pourtant par elle-même moins digne d'admiration que la résolution de la livrer, prise par
l'illustre Capitaine qui commandait cette poignée d'officiers et de soldats héroïques.

Elle fut sans doute la gloire militaire du Maréchal; elle fut davantage encore le grand honneur patriotique de deux hommes, — le Prince
de Joinville et le Maréchal Bugeaud.

Unis tous deux étroitement par un devoir
suprême de *désobéissance,* ils répondirent tous
deux aux ordres contraires d'un Ministre incons-

cient — *par le bombardement de Tanger et par
la bataille d'Isly.*

—◆—

C'est pourquoi, mon cher ami, vous me
semblez ne point assez considérer qu'en mes
Quelques pages, bien loin de prétendre aux honneurs de l'historien, j'entends bien n'être autre
chose qu'un glaneur après les riches moissons,
un maraudeur d'anecdotes toujours prêt à
prendre, quand vient à s'en rencontrer une
inédite ou bien trop enfouie, dont la vertu
soit de mettre en lumière notre glorieux Léon
Roches.

Et j'entends de même m'efforcer ici de rendre tout son bien à César, de mettre en leur
place vraie les hommes et les responsabilités,
à l'endroit d'une des pages les plus glorieuses
de notre histoire contemporaine.

Et maintenant, mon cher ami, laissez un peu
courir librement ma plume sans davantage
interrompre, et n'oubliez plus que l'opuscule

que vous lisez ici n'est point une œuvre acadé-
mique, mais un entretien familier.

— ✦ —

Ce qui donne sa grandeur véritable à la
victoire d'Isly, c'est que, sur l'échiquier Nord
Africain, sans que l'opinion publique y prît
assez garde, se jouait la possession de notre
Algérie, aussi bien que notre posture en la Médi-
terranée.

A la frontière du Maroc, subitement, tout
s'agite et tout menace. Diminué, non vaincu
par nos armes et par la *Fettoua,* — l'Émir se
dérobe et fuit les combats ; il temporise et
il guette. L'agitation du Maroc lui vient en
aide.

Partout présent alors aux abords de notre
frontière, il surexcite le fanatisme des Maugrebins ; aux tribus siennes comme aux nôtres,
en Algérie, il souffle à l'oreille : — « Tenez-
vous prêts, l'heure est venue. »

D'autre part, son souple génie s'adresse aux

ambitions secrètes, mais hésitantes de l'Empereur du Maroc. Par ses lettres et par ses envoyés, il lui fait savoir, en l'exagérant encore, notre faiblesse numérique ; il se déclare prêt lui-même à l'action.

Abd-er-Rhaman, fasciné, envoie douze mille cavaliers, la fine fleur de sa garde et de son armée active, commandés par son fils aîné, le prince Mouley-Mohammed. Son moindre rêve est la conquête immédiate de notre province d'Oran.

—❖—

Bien vite, et comme par enchantement, viennent se grouper autour de ce noyau cinquante mille cavaliers Maugrebins, dont le nombre croît à chaque heure, mais dont le chiffre est encore bien autrement grossi par l'imagination musulmane. Bugeaud a devant lui un camp formidable.

La France alors, ainsi menacée, envoie devant Tanger le Prince de Joinville avec une escadre ;

le Maréchal, de son côté, resserre et concentre
sa petite armée.

— ◊ —

Mais les Anglais, — « *Oh, les sales bêtes ! i z'on*
« *des poils aux pattes !* », — font entendre au
Gouvernement français des menaces. Le Ministère, troublé, impose l'inaction au Maréchal
aussi bien qu'à Joinville. Il écrit à Joinville :
« *Notre pavillon n'a point encore été outragé.* »

Bugeaud écrit à Joinville : — « Prince, Maroc
« n'a point tiré sur votre pavillon, c'est vrai, —
« mais il a tiré outrageusement sur mon dra-
« peau, et Drapeau et Pavillon ne sont qu'un. »

— Le Prince de Joinville, incontinent, bom-
barde Tanger.

A cette nouvelle, le Maréchal écrit à Joinville : — « Prince, vous venez de tirer sur moi
« une lettre de change ; je saurai y faire hon-
« neur. Vous aussi, à votre tour, Prince, vous
« aurez de mes nouvelles. »

Ce fut l'instant alors, paraît-il, des lettres

intéressantes. L'Empereur Abd-er-Rhaman écrivait de son côté à son fils, le prince Mohammed : — « Mon fils, soyez ferme, le Consul « Anglais me réitère l'assurance que jamais la « *grande diablesse*, sa *Reygna*, ne permettra que « les Français fassent la guerre au Maroc. »

Bien peu de jours après, le Maréchal livre et gagne sa belle bataille d'Isly, et voilà comment, deux grands cœurs, en ces jours-là, sauvèrent et replacèrent bien haut l'honneur de la France.

CHAPITRE XVII.

—

Après l'esquisse du drame, le récit des épisodes, et tout d'abord, — *un punch militaire au
camp,* — où se trouveront prises sur le fait,
l'humeur de Bugeaud, sa façon d'être Maréchal
de France et Général en chef au milieu de ses
officiers, et la *furia* dont il se trouva possédé
quand il eut conçu le plan de sa bataille et pris
la résolution de la livrer.

Deux jours avant le choc des deux armées,
quatre escadrons de Chasseurs et de Spahis,
commandés par le Colonel Gagnon, étaient arrivés de France dans la matinée. Leurs camarades de l'armée avaient eu vite fait d'impro-
viser, sur les bords de l'Oued-Isly, un jardin

féerique pour leur réception ; tous les officiers du camp du Maréchal étaient invités à la fête.

La broussaille avait disparu par enchantement pour faire place aux lentisques et lauriers roses ; l'immense table du punch, artistement surélevée, était entourée de larges allées capitonnées d'un sable d'argent. L'État-major du Maréchal était là présent, tout entier.

— ⚜ —

Dans l'État-major on se regarde : — « *Ah ! si le Maréchal était là !* » Mais le Maréchal, écrasé de fatigues, — dès après son dîner s'est étendu sur son lit de camp, sous sa tente. Le Maréchal dort. Qui donc osera l'éveiller ? Parbleu, Léon Roches, et qui le pourrait à sa place ? Notre compatriote est dépêché.

Il réveille son Chef bien aimé et reçoit une bordée furibonde. En deux mots il s'explique, et le Maréchal, qui dort toujours habillé, n'a qu'à remplacer par un képi son légendaire casque à mèche. Tous deux s'acheminent, — le grand

Capitaine maugréant de plus belle ; tous deux titubant, le Maréchal dans la brousse, Léon Roches dans les bourrades.

On arrive, on est acclamé d'une joie respectueuse ; les bras s'élèvent tous, les voix s'écrient ; — le vrai Bugeaud, le bon Bugeaud se retrouve, sa *furia* s'allume et part en fusée :

Et de sa voix forte et pénétrante :

— « Ah, mes amis, mes enfants ! Après-
« demain sera une grande journée, je vous en
« donne ma parole. Je vais vous dire mon
« ordre d'attaque.

« Je donne à ma petite armée la forme d'une
« *hure de sanglier*. Entendez bien ! La défense
« de droite c'est Lamoricière, la défense de
« gauche c'est Bedeau. Pélissier est le museau,
« et moi je suis entre les deux oreilles, avec
« mes quinze cents cavaliers.

« La hure de sanglier, je vous en donne ma
« parole, va pénétrer au sein de l'armée Maro-

« caine comme un couteau dans le beurre.
« Submergée, mais inflexible, elle s'en va *piquer*
« droit au centre, au camp du prince Moham-
« med. Ah! mes enfants, la belle journée! »

Diable d'homme! Le lendemain, toute l'armée savait par cœur son discours.

C'est la victoire avant le combat, cette puissance magique d'entrainement.

A présent, j'estime que vous avez vu comment, lorsqu'il avait enflammé sa propre allumette, il était tôt fait à Bugeaud d'allumer celles
de ses officiers et soldats. Mais, de l'entrainement passons à la ruse, en ce qui concerne Isly,
car vous savez que *force et ruse* sont les deux
facteurs du génie des batailles. La ruse ne s'im-
provise pas, elle se prépare.

Six ou sept heures de marche séparent les
deux camps ennemis. La distance est longue,
lorsque des deux parts on s'observe, pour
mettre en son jeu la surprise d'un coup de

foudre. C'est ici le cas d'amoindrir par super-
cherie la distance.

Depuis plus d'un mois, le Maréchal commande chaque jour un fourrage, sur un point
éloigné toujours le même, qui rapproche les
hommes de corvée du camp du prince Marocain, en amont de l'Oued-Isly. Les fourrageurs
à cheval s'en vont couper les herbes, les blés
et les orges, soutenus par de l'infanterie. A la
nuit, ils se retirent.

Les Marocains les ont d'abord observés, ta-
quinés; puis, les voyant bien défendus, ils en
ont contracté l'habitude.

Mais, la veille de la bataille, c'est l'armée
tout entière qui se rend au fourrage. Au lieu
de se retirer à la nuit, elle y campe, sous l'ordre
rigoureux de n'allumer aucun feu, de ne pas
fumer. Les cavaliers, demeurés debout, ont la
main à la bouche de leurs chevaux.

—✦—

A une heure du matin, le Maréchal met en marche sa petite armée, en bon ordre, en silence. A six heures, franchissant une colline, nos soldats se retrouvent au bord de l'Oued-Isly, le camp Marocain tout près devant eux, sur l'autre rive. A cette vue, l'armée de Bugeaud, électrisée, pousse un *hurra* formidable.

Ce fut ici la ruse triomphante. Les cavaliers marocains sortaient de leur tente à peine, l'alarme est vite donnée. Mais le temps manque aux préparatifs d'une défense sérieuse de l'Oued-Isly. L'armée du Maréchal franchit sans peine, en bon ordre.

—*—

Et la *hure de sanglier* s'avance, s'enfonce et volontairement se submerge en cette masse profonde de cavaliers, dont bientôt elle se trouve enveloppée de toutes parts.

Trois heures durant, sans se laisser entamer jamais, nos fantassins repoussent, par un feu sage à bout portant, l'avalanche ininterrompue de la cavalerie Maugrebine. Ce sont d'interminables paquets de cinq mille, sans cesse renaissants, trois heures durant ! — Mais *la hure de sanglier* lentement toujours avance.

— « C'était, a dit plus tard en son langage « imagé, un chef arabe, ami de Roches, témoin « de la pénétration triomphale de la hure « de sanglier, — c'était un lion tranquille, « *chapardant* au milieu de cent mille cha- « cals. »

—:◈:—

La hure est au camp du Prince. Le Maréchal, calme toujours et toujours entre *les deux oreilles*, a retenu jusqu'à ce moment, massés en sa main mais inactifs, ses douze bataillons de Chasseurs et de Spahis, sa cavalerie tout entière, commandée par trois vaillants, — Morris, Yusuf et Tartas. Il la lance alors, en une charge terrible, sur les fantassins et les cavaliers de la garde d'Abd-er-Rhaman, dont la résistance est acharnée. Il les écrase ou les met en fuite ; la victoire est consommée.

— ❧ —

Grande victoire, dont la sensation fut immense, dont le bruit retentissant, — *Fama volat !* — fut, dès le lendemain, la consternation du Maroc, la confusion secrète de l'Angleterre, et dont le prix devait être pour la France la soumission immédiate ou le profond découragement des tribus africaines hésitantes ou non soumises.

Telle fut la victoire d'Isly. La veille, dans l'esprit de tout le Nord-Africain, depuis Tunis jusqu'à Tanger, — l'armée marocaine, à laquelle l'Émir allait joindre, en outre de sa propre armée, les soulèvements préparés parmi nos tribus soumises, — l'armée marocaine allait étouffer en son étreinte la petite armée du Maréchal.

Le lendemain, l'armée marocaine n'était plus qu'un hachis de bandes hétéroclites, fuyant au hasard le théâtre de leur défaite.

CHAPITRE XVII.

Et souvenez-vous, ou bien apprenez que, du haut des montagnes voisines, Abd-el-Kader assistait de sa loge d'avant-scène à la bataille de l'Oued-Isly.

CHAPITRE XVIII.

———

Horace Vernet, dans son œuvre immense et superbe, *la Bataille d'Isly,* représente Léon Roches devant la tente du prince Mohammed, tenant d'une main un riche coffret, et, de l'autre, montrant à Rivet la lettre devenue célèbre de l'Empereur à son fils : — « Mon fils, soyez ferme !
« Le Consul anglais me réitère l'assurance que
« jamais *la grande Diablesse,* sa *Reygna,* ne per-
« mettra à la France de faire la guerre au
« Maroc. »

Le grand peintre de nos batailles africaines eût pu montrer notre compatriote, en la même journée, accomplissant miraculeusement une de ces entreprises téméraires dont il fut toujours coutumier. Les compagnons d'armes et les amis de Roches se sont bien des fois, depuis cette aventure, entretenus de sa conception audacieuse, sous la rubrique : *Épisode Morris.*

—✧—

Ce fut à l'instant précis où Bugeaud venait d'affirmer sa victoire en lançant ses douze escadrons de Chasseurs et de Spahis sur le camp du prince Mohammed. La résistance était vaincue, mais, de toutes parts, des groupes compacts de cavaliers étaient en vue, immobiles.

Et le Maréchal, bien que brassant les victoires sur une moindre échelle que César, avait comme lui cette vertu des Capitaines : *Nil actum reputans si quid superesset agendum.* C'est pourquoi le Capitaine estima que ces masses restantes devaient à leur tour être émiettées et mises en fuite.

—✧—

Son infanterie a besoin d'un repos mérité ; sa cavalerie n'a fourni que le rude assaut du camp du prince. Ce sont ses douze escadrons qui vont être employés à la besogne.

Bugeaud regarde autour de lui. Yusuf est bien là, Tartas aussi, mais Morris ? — « Où donc « est Morris ? Qui de vous aperçoit Morris ? »

Les jumelles se braquent toutes et n'aperçoivent point de Morris ; la colère s'enfle au Maréchal, il descend de sa monture. Le bon Bugeaud n'a jamais pu se mettre en colère suffisamment sur un cheval ; ce fut là son infirmité.

Mis sur ses jambes, — par un geste qui lui fut toujours familier, il frappe bruyamment ses deux cuisses de ses deux larges mains : — « Mais Morris ! qu'est donc devenu Morris ! « C..... de Morris ! »

— ❖ —

Une longue vue braquée au loin découvre Morris à trois kilomètres. Appuyant solidement à un tertre ses quatre escadrons déployés, le vaillant colonel tient en respect dix ou douze mille cavaliers Maugrebins.

— « C..... de Morris ! L'ordre était formel de « ne pas pousser la charge au delà de l'Oued. « Qui de vous va lui porter vite mon ordre de « rallier ? »

Autour du Maréchal, les chevaux de son État-major sont tous à peu près fourbus. Roches, déjà, en avait fatigué deux ; un troisième se trouvait entre ses jambes, frais et solide : — « Moi, mon Maréchal, dit-il à son Chef. »

Et voilà Léon Roches piquant droit sur les quatre escadrons de Morris, dont il connaît à peu près la position.

Sur sa route, il rencontre son ami et compatriote Froment-Coste qui commande le bataillon d'Orléans et fait partie de l'ossature de *la hure de sanglier*. Les Chasseurs sont au repos, l'arme au pied.

—✻—

— « Où diable vas-tu ? » lui dit Froment-Coste.

— « Porter un ordre du Maréchal au Colonel
« Morris. »

— « Mais ce n'est pas commode, tiens,
« regarde ! »

Et Froment-Coste montre à Léon Roches, par
delà l'Oued, les cinq cents chasseurs d'Afrique
de Morris, appuyés à un tertre, déployés en
échelons, mais presque entourés et faisant face
à plus de dix mille cavaliers marocains.

Roches ayant regardé, dit à Froment-Coste :
— « Aide-moi seulement à franchir l'Oued, et
« j'irai porter à Morris l'ordre du Maréchal. »

—❖—

Froment-Coste fait accompagner son ami par
une compagnie dont la fusillade a nettoyé bien
vite les berges de l'Oued des cavaliers marocains épars et des maraudeurs. Roches peut
passer, il a franchi.

Mais là, sur un terrain nu, sur un terrain plat,

un épais rideau de cavaliers marocains le sépare de Morris ; c'est l'impossible, présent, implacable.

Et ce fut là qu'instantanément vint le saisir la résolution folle. Le Maréchal avait dit : — « Portez mon ordre à Morris. »

—⁂—

Les cavaliers Maugrebins, qui d'abord lui tournaient le dos, à présent lui font face. Ils regardent avec curiosité cet homme seul qui vient à eux, d'un pas tranquille, sabre au fourreau. — Roches toujours s'avance.

Quand il est à trente pas, il étreint son cheval, lui lache la bride, et lui enfonce ses éperons dans les flancs.

Tête baissée sur l'encolure, il entre comme un projectile dans la cavalerie marocaine. Il ne voit rien, il entend des imprécations furibondes, des coups de feu désordonnés, — il a traversé.

—◆—

Il a traversé et, bride abattue, il apparaît aux regards de Morris, plus ahuri que les Marocains eux-mêmes de voir un homme seul sortir de leurs flancs sous une fusillade d'opéra-comique.

Ni d'Artagnan, ni son cheval n'avaient une égratignure, et, — laissez-moi mettre son plumet à *l'épisode Morris,* — au moment de s'enfoncer, tête baissée et les yeux fermés dans la cavalerie marocaine, — Léon Roches avait fait à Dieu sa fervente prière.

—◆—

Il communique au Colonel l'ordre du Maréchal ; Morris lui fait remarquer la délicatesse de sa position. Trois fois déjà il a fait des charges brillantes sur la masse marocaine, lui enlevant des drapeaux et des chevaux richement caparaçonnés ; puis, chaque fois, revenant à son tertre et s'y tenant bien déployé. Il se fait fort de tenir ainsi sans danger jusqu'au moment où l'infanterie pourra lui venir en aide. Mais tourner le dos serait faire le jeu du nombre et s'exposer à un désastre. Il charge Léon Roches d'aller rendre compte de ses motifs au Maréchal.

En enfreignant l'ordre formel et sage de son Chef, le bouillant Morris avait commis une faute grave ; il l'avait réparée par son attitude intrépide qui, dès longtemps, immobilisait, au profit de la bataille, plus de dix mille cavaliers des plus solides parmi ceux de l'armée Maugrebine.

—◆—

Les mouvements de l'infanterie, en ce moment prononcés, avaient dégagé pour le retour le chemin que Roches avait parcouru ; il put sans encombre rejoindre le Maréchal. Il trouva le vainqueur d'Isly reposant sur de riches coussins dans la tente du prince Mohammed, affairé toutefois à donner les derniers coups de main à sa victoire, en dirigeant jusqu'à la nuit, par ses ordres, les mouvements de sa *hure de sanglier*.

—◆—

Dès le surlendemain de la victoire, deux personnages marocains, Kaïds importants, se présentent au camp du vainqueur, porteurs d'une lettre d'Abd-er-Rhaman leur transmettant tous pouvoirs. L'Empereur vaincu tremble, évidemment, que le Maréchal poursuive sa marche en avant sur Thaza ; il fait à la France toutes les concessions refusées jusqu'alors, si la France veut consentir à suspendre la marche de son armée.

Comme Directeur des affaires arabes, Roches, toujours chargé de recevoir les envoyés, de les entendre et de préparer les contrats, avait une tente plus vaste et plus confortable que celle de son Chef. Il accueille les envoyés du Sultan, accroît leurs anxiétés qu'il devine, et prolonge à dessein l'attente de leur réception. Finalement, il les introduit dans la tente du Maréchal, et le contrat, assurant les satisfactions depuis si longtemps refusées, est signé par les plénipotentiaires de l'Empereur.

—✦—

Par les soins de Roches, toujours en communications affectueuses avec les chefs religieux les plus puissants de l'Algérie et des oasis du Désert, le Maréchal avait pu suivre pas à pas l'agitation marocaine et ses progrès, les excitations d'Abd-el-Kader auprès du prince Mohammed, l'émoi de nos tribus soumises, la gravité toujours croissante d'une crise à la fois religieuse, politique et militaire. Deux jours avant la bataille, notre compatriote avait remis à son chef un rapport précis et détaillé renseignant le Maréchal sur la position du camp du Prince, sur les routes diverses qui y aboutissent, sur la composition de l'armée marocaine et sur le nombre vrai de cavaliers et de fantassins dont elle est composée. Son rapport réduit à soixante mille le nombre des cavaliers que l'exaltation musulmane portait à plus de cent cinquante mille.

— ❖ —

Le Maréchal sait que toujours Rivet est le miroir des aspirations de Léon Roches. Après sa victoire d'Isly, il demande à Rivet quelle récompense il estime devoir être la plus agréable à son « brave Roches ». Rivet lui répond sans hésiter : — « La rosette, mon Maréchal. »

Et, sur la proposition du vainqueur, son « brave Roches » eut la rosette. Nous allons voir tout à l'heure sous quelles formes et de quelles mains.

CHAPITRE XIX.

———

Le vainqueur du Maroc a besoin de repos, il prend un congé qu'il a dessein de passer en France. Pressentant bien un accueil triomphal, il veut que ses officiers les plus méritants en aient leur part ; il les emmènera jusqu'à Paris, jusqu'au Roi.

Mais Léon Roches ? il n'est même pas militaire, à quel titre présenter celui qui, par dessus tous, a préparé la victoire ? Rivet, de Garraube et autres officiers, confidents intimes du Maréchal, déclarent en chœur à Bugeaud qu'à tout prix l'équité commande que Léon Roches soit en lumière aux côtés de *son Maréchal*.

Bugeaud en vain s'ingénie, mais ici la Providence lui vient en aide.

— :❖ —

Le Duc d'Aumale, qui a commandé la province de Constantine et la connaît bien, demande au Maréchal-Gouverneur d'amener en France avec lui, pour les honorer et les récompenser, les chefs arabes de cette province les plus éminents et qui se sont fait remarquer par leurs loyaux services. — « Voilà l'affaire de Léon Roches, s'écrie le Maréchal enchanté. » Nul, en effet, n'était plus visiblement désigné que Roches pour la mission de donner aux Arabes une idée de la grandeur de la Monarchie française.

Et voilà notre compatriote investi de cette mission, aux applaudissements unanimes de ses camarades, à la grande joie des Arabes.

— : • :—

Les chefs conduits en France par Léon Roches étaient des personnages considérables,
devenus presque tous historiques. C'étaient :

Le vieux kaïd ALI, de Constantine ;

BOU-LAKRASS ;

BEN-GUENA, fils du Serpent du Désert, de
Biskra ;

MOHAMED-BEN-HADJ ;

MOHAMED el KARROUBI ;

EL-MOKRANI ;

Et deux Kaïds de moindre grandeur et d'un
haut mérite, qui tous les deux, depuis, se sont
fait tuer au service de la France.

El-Mokrani est ce même noble arabe qui,
en 1870, *ne voulant plus servir un Gouvernement
dont le Chef était le juif Crémieux,* renvoya
ses décorations et son traitement et se fit tuer
à la tête de l'insurrection.

Pauvre El-Mokrani ! il se montra vite plus
dégoûté que nous, et pourtant nous ne leur

avions point encore octroyé, à ces braves gens dévorés par l'usure, le décret d'émancipation des Juifs.

— ⁘ —

A Paris, les Chefs arabes sont accueillis plusieurs fois au sein de la famille royale. Au jour de la réception officielle, le Kaïd Ali reçoit la croix de Commandeur, Bou-Lakrass, celle de Chevalier ; les autres Chefs arabes reçoivent tous des armes de grande richesse.

La distribution terminée, Sa Majesté, toujours accompagnée du Général de la Rüe, son aide de camp, se tourne vers l'Interprète en chef et lui dit : « Je ne vous ai point oublié, vous non plus, mon cher Monsieur Roches, et je tiens à vous remercier tout particulièrement. »

Alors le Roi remet aux mains de l'Interprète en chef... une tabatière d'or enrichie de diamants.

— ✦ —

CHAPITRE XIX.

Roches pâlit, un nuage passe devant ses yeux : — « Je faillis laisser tomber de mes mains le présent royal, écrit-il, tant je me sentis humilié d'être traité, moi soldat, comme un pianiste.

« Mais le Général de la Rüe, à qui n'échappent ni mon trouble ni la cause de mon émotion, me pince le bras et me dit : — « Ouvrez ! ouvrez la boîte ! »

« J'ouvre la tabatière, elle contenait la croix d'or de la Légion d'honneur. »

— ❖ —

— « Je faillis tomber à la renverse, continue notre compatriote, mes yeux se remplirent de larmes et je me confondis en respectueuses expressions de reconnaissance. Après quatorze ordres du jour, j'avais été nommé Chevalier de la Légion d'honneur, il y avait à peine dix-huit mois. Le Roi me faisait aujourd'hui Officier, de sa main, à trente-deux ans ! En vérité, si j'avais rendu quelques services à la bataille d'Isly, j'étais royalement récompensé de mes peines. »

—+◊+—

Une scène amusante et touchante à la fois vint clore alors les incidents de cette réception des Chefs arabes à la Cour de France. Les Arabes, voyant attaché sur la poitrine de leur cher *Lionne* le précieux bijou dont ils n'ignoraient pas la valeur, s'élancèrent et couvrirent tous Léon Roches comme d'une grappe, lui serrant les mains et les lui baisant.

Le Roi, les Princesses et les Princes ne virent point sans plaisir le prestige dont était alors entourée chez les indigènes d'Afrique la faveur royale de France.

CHAPITRE XX.

En face de cette grande personnalité du Maréchal, si tout d'abord on s'éprend pour le Capitaine, on se sent, d'autre part, pénétré d'admiration à l'étude de ce génie universel dont tous les actes, en Afrique, nous ont révélé le fin politique et le grand colonisateur.

Après la victoire il médite. Les correspondances volumineuses de l'Empereur Abd-er-Rhaman avec son fils ont été saisies toutes dans la tente du Prince Mohammed ; d'un autre côté, et plus précises encore, les confidences et révélations des Chefs arabes, amis de Roches, sont mises par lui sous les regards de son chef ; ces documents dénoncent au Maréchal la mesure vraie des dangers que vient de conjurer son triomphe. Cette mesure lui semble le comble : sur toute la surface de notre domaine Algérien les Arabes se tenaient prêts, à la nouvelle d'un échec de l'armée Française au Maroc, à massacrer les chrétiens.

—✳—

Alors, bien pénétré par ses yeux de la grandeur des dangers courus, Bugeaud prend la résolution de grandir et de consolider sa victoire par une démonstration théâtrale, puissante et grandiose.

A cet effet, en des assises solennelles, il aura, — lui, Maréchal de France et vainqueur du Maroc, — une entrevue, un tête-à-tête avec l'Algérie musulmane entière, en la personne de tous ses Chefs, depuis les princes, Khalifas et Marabouts, jusqu'aux Agahs et Kaïds.

—✳—

Et, là, il ouvrira son cœur au peuple Algérien ; il lui dira ses sentiments et ses résolutions, il lui démontrera invinciblement quelle est la force de la France.

Et tous ces Princes et Chefs, en ces assises, recevront de la bouche aimée et sonore de Léon Roches, en leur propre langue si belle, — *la parole du Maréchal*.

Et cette parole, ils la rediront au retour en tous les gourbis, sous toutes les tentes.

Et cette parole aura, de la sorte, son retentissement souverain dans tous les cerveaux, car dès longtemps les Arabes symbolisent le glorieux Maréchal, *ce guerrier aux cheveux blancs*, en un quatrain qui se rencontre aux lèvres de tous,

> *Le père La Blancheur*
> *a le bras fort,*
> *le cœur juste et bon*
> *et le conseil sage.*

—◆—

Ainsi fut décidé par le Maréchal, et le spectacle fut grandiose en effet. Pas un Chef, Khalifa, Agha ou Kaïd, pas un détenteur d'une autorité quelconque sur un point de l'Algérie, n'eut la pensée de se dérober à son appel. Notre domaine africain tout entier, — Kabylie, Tell et Sahara, accourut à l'invite du Maréchal. Les plus empressés et les plus ardents, peut-être furent-ils ceux qui s'apprêtaient, hier, avec plus de ferveur, au massacre de tous les chrétiens.

— ❈ —

La fête dura trois journées. Nous en détachons une esquisse bien incomplète et rapidement crayonnée du deuxième jour, parce que y furent échangés, entre la France et les Arabes de notre Algérie, des paroles et des sentiments dont peut-être il ne nous sera donné plus jamais d'entendre l'expression.

Le Maréchal avait arrêté que le dimanche, à deux heures, une grande revue des corps de toutes armes de la garnison d'Alger et de sa garde nationale serait passée par lui au champ de manœuvres de Mustapha-Pacha. En ce vaste espace, tous les Chefs Arabes sont venus camper et dresser leur tentes depuis deux jours; c'est de là qu'à l'heure ordonnée ils s'avancent vers la porte Babazoun pour aller au devant du Maréchal et prendre leur place au cortège du vainqueur d'Isly.

— ❖ —

Leur cortège, à eux, est une féerie. Vingt-quatre Aghas et vingt-quatre Kaïds, marchant par quatre, sont en tête, le fusil haut. Ils portent leurs burnous d'investiture aux couleurs écla-tantes, le bas de leur visage est recouvert par un pli de leur haïk en souvenir de la visière, — ils semblent des Chevaliers du Moyen Age fai-sant une entrée triomphale.

Viennent après les trois Khalifas, — des Hadjoutes, de Sebaou et de Laghouat, avec leur suite, leurs drapeaux et leurs musiques. Le cor-tège est terminé par plus de cent cavaliers de

haute marque et de grande tente, faisant cara-
coler leurs chevaux richement caparaçonnés.
Le spectacle oriental est prestigieux, de caractère, d'élégance et de richesse.

—※—

Le Maréchal sort d'Alger par la porte Babazoun ; il s'avance suivi de son État-Major, enca-
dré de cent cavaliers ; les Arabes, à son approche, mettent tous pied à terre spontanément et
se précipitent vers lui, baisant, les uns ses
mains et les autres les pans de sa capote :

— « *Grâces au ciel ! Tu nous es revenu sain et
sauf et victorieux,* disent-ils tous. *Grâces au ciel !
Tu mérites le bonheur et la victoire, car tu es bon
et juste.* »

Le cortège se dirige alors vers Mustapha-
Pacha et, là, les Arabes se rangent en une seule
ligne faisant face à l'armée.

—※—

Sur cette ligne diaprée des couleurs diverses les plus éclatantes, se distinguent les illustrations musulmanes de la Province d'Alger, — le Khalifa Ben-Mhadi-el-Din, khalifa de Sebaou, — Sid-Ahmed-Ben-Salem, khalifa de Laghouat, — Sidi-Embarck, d'une famille légendaire, khalifa des Hadjoutes.

C'est encore le jeune Ali-Ben-Zàamoun, agha des Flissas, et c'est avec lui l'Agha de Taourga, — tous deux entraînant dans leur orbite les Kaïds des Kabyles et la grappe que forment les goums épars qui touchent au Désert.

En arrière de la grande ligne du front, — ce sont les Beni-Zug-Zug, les Beni-Halouan, les Zouled-Aied, les Beni-Masser ; — c'est Tittery, Tell et Désert, et c'est aussi, avec sa suite, l'Agha de Zatima, un éminent.

Plus de deux mille cavaliers arabes leur font à tous comme une ceinture éclatante.

—·✦·—

Le Maréchal parcourt d'abord le front de son

armée et de la garde nationale d'Alger, puis il se porte au front et au milieu de la ligne des grands chefs Arabes, rangés dans un ordre admirable. Sur un signe de Léon Roches, en un clin d'œil la longue ligne arabe forme un cercle immense. Mais il faudrait ici le *stile* d'Homère.

—◈—

Le Maréchal est seul au milieu, son État-Major un peu à distance.

Sur son cheval magnifique, ce corps d'athlète que surmonte une figure fine, impériale et bienveillante, — ce beau front large et ces yeux ardents, recouverts, comme d'un casque d'argent, d'une opulente chevelure blanche, — apparaissent en leur isolement dans toute leur gloire. Un hurra formidable de toutes les poitrines salue de son admiration cette neige lumineuse de la splendide chevelure.

—◈—

Alors, sur l'ordre de son chef, Léon Roches dit aux Arabes, de sa voix forte et retentissante, — *de la part du Maréchal :*

— Oh ! vous tous, ici présents, — Khalifas, Aghas, Kaïds, Cheïks et simples M'Khazmis, en vous voyant réunis auprès de moi, j'éprouve la satisfaction d'un père qui se retrouve au milieu de ses enfants après une longue absence. Malgré mes occupations, malgré les soins que réclament vos champs, je n'ai pu résister au bonheur de vous témoigner moi-même ma satisfaction.

Oui, vous avez été fidèles à vos promesses de soumission et d'obéissance, vous avez été sourds aux perfides conseils de nos ennemis et des vôtres, vous avez marché avec nos colonnes, vous vous êtes montrés dignes de toute ma sollicitude. Je vous considère comme mes enfants.

J'exige que ceux d'entre vous qui auront été victimes de quelque injustice, que ceux d'entre les Chefs qui désirent apporter des améliorations dans leur tribus, que tous ceux enfin qui ont dans le cœur une peine ou une pensée à faire entendre à leur Sultan, viennent à moi demain. Demain ma journée sera consacrée à les écouter.

Je vous ai également réunis pour que vos oreilles entendent de ma bouche le récit véridique de la lutte que nous avons soutenue contre les Maugrebins, que Dieu a punis de leurs injustes agressions.

Je ne me suis jamais écarté de la justice, de la vérité et de la bonne foi, et Dieu m'a donné la victoire, car Dieu ne fait jamais triompher que les justes, à quelque religion qu'ils appartiennent. »

Ici le Maréchal vient appuyer sa main à l'épaule de Léon Roches et lui ordonne de faire aux Arabes un récit succinct des affaires du Maroc ; puis il le charge de terminer en ces termes :

— « Aujourd'hui que la guerre est terminée avec l'Empereur du Gharb, — aujourd'hui qu'Abd-el-Kader erre dans son empire où il ne tardera pas d'être pris et gardé, — je vais songer à l'aise à votre bien-être ; mes troupes, au lieu de combattre et de faire des razzias, vont ouvrir des routes, faire des barrages et construire des ponts ; moi-même j'irai vous visiter dans vos tentes, m'enquérir de vos besoins et de vos misères ; moi-même j'irai diriger votre agriculture, car la charrue, comme le fusil, honore la main de l'homme. Gardez-vous d'écouter ceux qui vous pousseraient à vous révolter contre l'autorité française ; vous attireriez sur vous des malheurs irréparables. Que Dieu vous inspire l'obéissance aux maîtres qu'il vous a donnés dans sa haute sagesse, et bientôt vous apprécierez les avantages d'un Gouvernement juste et paternel. »

—⸙—

Une décharge générale et serrée de tous les fusils témoigne de l'impression que vient de produire sur les Arabes le discours du Maréchal. A la décharge succèdent les cris : — « *Que Dieu donne la victoire au Maréchal ! Qu'il prolonge ses jours !* »

Après les paroles, la *fantasia*. En cette débauche de la poudre, tous les Chefs rivalisent d'adresse en présence du Maréchal, de son État-Major et de la foule innombrable accourue à cette fête magnifique.

—◆—

Avant les adieux, le Maréchal donne un banquet aux trente Chefs arabes de la province qu'il estime les plus puissants. Ce sont, avec les trois Khalifas, les deux Bach-Aghas et les vingt-deux Aghas réunis à Alger. Parmi eux, les personnages les plus vénérés de l'Islamisme africain.

La splendeur de cette fête, plus intime que celles des jours précédents, et davantage encore l'étrangeté des incidents qui l'accompagnèrent, nous font un devoir de la dire avec rapidité.

—◆—

La table splendidement décorée était mise dans la superbe cour du palais du Gouvernement. Les galeries, supportées par des colonnes torses en marbre blanc aux chapiteaux dorés, étaient garnies, en leurs ogives élégantes du premier étage, de dames en grande toilette...

A leurs regards venaient s'offrir, à côté des uniformes sévères de nos Généraux et de nos officiers, les costumes des Chefs arabes aux belles draperies, et leurs têtes africaines si expressives, encadrées dans le fin kaïk, retenu par la corde de chameau.

Par décision de leurs chefs religieux, le canon annonce aux Arabes que le jeûne du mois sacré de Ramadhan est en cet instant rompu et tous, joyeusement, mangent sans hésiter tous les mets qui leur sont présentés. Leur ami Roches les assure que tous ces mets ont été préparés suivant les préceptes de leur religion.

Le Maréchal, par l'organe de *sa parole,* leur fait entendre des mots élevés, dignes et paternels ; ils y répondent avec finesse et leurs saillies sont enjouées et pittoresques.

Après bien des sujets épuisés, on parle de la guerre du Maroc. Oh ! là, l'animation grandit jusqu'à la fièvre.

—◆—

Marabouts ou Chefs politiques, tous les Arabes adressent au Maréchal leurs objurgations les plus vives : — « *Nous ne pouvons rentrer chez nous, disent-ils, sans rapporter à nos frères la satisfaction de leur curiosité. Durant les longues veillées du Ramadhan, il faut que nous puissions leur dire : — nous allons vous répéter la vérité, car c'est le Maréchal qui l'a dit.* »

Et le Maréchal ordonne à Léon Roches de faire le récit demandé par les Arabes. Jamais autant qu'en cette journée notre vaillant compatriote n'avait été *la parole du Maréchal.*

Peindre l'attention de tous ces musulmans écoutant l'histoire des défaites de leurs coreligionnaires, est d'un effort impossible. La tête penchée, mais les yeux fixés sur l'orateur, ils semblent boire ses paroles. Le récit fut long, et pourtant il était fini que les Arabes écoutaient encore.

—❖—

Ici fut un coup de théâtre, le plus inattendu qui se puisse concevoir. Le Maréchal s'était levé, chacun allait se retirer, lorsqu'un homme se lève et qu'une voix s'écrie.

L'homme, c'est l'agha de Zatima, Sidi Moham- med *el Ghobrini,* descendant du Prophète : — La voix s'écrie :

— « Arrêtez! mes Seigneurs, mes frères! Nous sommes tous ici membres d'une même famille ; les Français sont chrétiens, les Arabes sont musulmans, mais Dieu est pour tous et Dieu nous a donné pour Sultan le Roi des Fran- çais. Notre religion nous ordonne de lui obéir, puisque le Seigneur a voulu que son bras fût plus fort que le nôtre ; nous avons juré de le servir fidèlement et de l'honorer comme notre Sultan.

Je vous propose donc une prière au Très-Haut que vous répéterez tous avec moi :

— ✤ —

El-Ghobrini dit la prière :

— « *Fethha !* Que Dieu donne toujours la victoire au Sultan des Français, qu'il punisse de sa colère tous ceux qui sont ses ennemis, qu'il élève et qu'il chérisse ceux qui sont ses amis, qu'il extermine les traîtres, qu'il donne les biens de ce monde et de l'autre à ceux dont l'intention est pure.

« Descendant des Ouled-Sidi-Embarek, mets le sceau à cette prière. »

Et le Khalifa Sid-Ali-Embarek répéta à haute voix : — « Que Dieu donne la victoire au Sultan des Français ! »

Et tous les assistants arabes répétèrent en élevant leurs mains : — « Que Dieu donne la victoire au Sultan des Français ! »

— ✤ —

L'agha el Ghobrini alors continue :

— « Que Dieu prolonge l'existence de notre Seigneur le Maréchal, qu'il rende son bras toujours aussi fort et son cœur aussi clément, qu'il le laisse longtemps le souverain de notre pays, car il est juste autant qu'il est courageux ; qu'il augmente son bonheur, sa gloire et ses richesses.

« Sidi Mohammed, fils de Sidi Mhadi-el-Din, mets le sceau à cette prière ! »

Et, comme pour la première, les phrases de la seconde prière sont répétées par le Khalifa de Sebaou et par tous les assistants.

Depuis tant de temps déjà qu'il fréquentait les Arabes, jamais Roches n'avait remarqué autant de détermination dans l'expression de leur dévouement. Jamais un Chérif, un Marabout, n'avait mêlé le nom des chrétiens dans ses prières que pour les maudire.

Au lendemain de ces fêtes, l'illustre Maréchal dit aux Généraux et officiers supérieurs assemblés :

— « Soyons justes et cléments vis-à-vis les Arabes ; occupons-nous de leurs intérêts, de leur éducation, de leur bien-être ; admettons-les aux bienfaits de notre civilisation. »

Puis, scandant chaque mot avec son fin sourire, — « *mais soyons et demeurons toujours forts.* »

CHAPITRE XXI.

—

A la suite de ces événements en Afrique, Léon Roches, d'accord avec son Chef en cette pensée, — pressent que la pacification de l'Algérie est proche. Le Maréchal, soucieux de fixer son fidèle auxiliaire en une carrière où puissent encore être utiles à la France son dévouement et ses aptitudes éminentes, lui déclare en leurs entretiens : « — Que nulle part mieux qu'en la carrière diplomatique, et précisément auprès des princes africains qu'il connaît si bien et dont il est si favorablement connu lui-même, — dont il a dès longtemps la confiance et l'amitié, — il ne saurait poursuivre et mener à bien l'œuvre française à laquelle les

efforts de sa vie entière ont été déjà con-
sacrés. »

Roches donne son consentement, et le
Maréchal, par la lettre dont nous avons dit les
termes au premier chapitre de ce livre, demande
à M. Guizot, pour « son brave Roches », le
poste de Tanger.

— ❖ —

Le futur diplomate se rend alors à Paris, où
plusieurs fois il est reçu par le Roi qui l'entretient avec intérêt des affaires de l'Algérie.
M. Guizot veut l'entretenir à son tour et devient
plus ardent que le Maréchal lui-même à mettre
en action la merveilleuse connaissance des
hommes et des choses qu'il découvre en lui,
aussi bien que les aperçus diplomatiques que
Roches lui fait envisager.

— ❖ —

Mais dès avant son entrée en sa carrière
nouvelle, Roches vient déjà, une fois de plus,

de faire ses preuves sur le terrain des difficultés marocaines. Mis en face, subitement, d'un cas imprévu et désespéré, — il en tire ses chefs et son Gouvernement par un coup d'audace que nous ne saurions passer sous silence.

—※—

A la suite de la victoire d'Isly, et sur l'avis et les indications du Maréchal, le Gouvernement français entend régler par un traité entre Souverains la question toujours brûlante des limites de notre frontière avec le Maroc. Il désire encore et de plus un traité de paix bien précis, ou mieux, un traité d'alliance.

Pour ces causes, le Général de la Rüe, aide de camp du Roi, se rend en nos possessions africaines au titre d'envoyé plénipotentiaire. Le Général Lamoricière et le Commandant Martimpuy sont chargés du travail technique de la délimitation ; ils demandent au Maréchal Bugeaud l'aide et la collaboration de son « brave Roches ».

— « Lui seul, dit Lamoricière, a le pouvoir de faire passer dans l'esprit des plénipotentiaires marocains la conviction que notre tracé est bien le seul juste, — est bien *le tracé séculaire des limites fixées par les Turcs, accepté par le Maroc.* »

—◆—

Après discussion, après entente, le traité est signé des deux parts ; il ne manque plus à son autorité que sa ratification par les deux Souverains contractants. — Le Général de la Rüe charge Léon Roches d'aller à Paris avec le traité et de le rapporter revêtu de la signature royale. — Très appuyé près du Roi par le Maréchal Soult, notre compatriote rentre à Alger, porteur de la ratification demandée.

—◆—

Mais, à Oran, le Général de la Rüe et Léon Roches reçoivent les plus mauvaises nouvelles : — L'Empereur du Maroc s'est refusé hautement à ratifier le traité. — C'est davantage qu'une déception, c'est un échec.

La dignité du Plénipotentiaire, *envoyé et chargé par le Roi,* ne permet pas au Général de la Rüe de se rendre à Tanger pour y demander des explications ; — il y envoie Léon Roches. Son envoyé rencontre à la Cour de Fez une situation plus dure encore que ne la faisaient les nouvelles.

Les plénipotentiaires marocains qui ont signé le traité ont été mis aux fers ; — le Consul anglais, d'une part, Abd-el-Kader de l'autre, ont entassé sous les yeux du Sultan des pétitions marocaines dénonçant l'abomination *d'un tracé surpris à la bonne foi de ses mandataires ;* — notre Consul à Tanger lui-même, un novice, ne peut que s'apitoyer sur le sort douloureux de cet Empereur, victime d'une erreur manifeste.

Notre Consul montre à Léon Roches la lettre par laquelle le Sultan notifie au Gouvernement français son refus; elle est rédigée avec autant de finesse que de perfidie; elle met en cause la bonne foi de Lamoricière. — Ainsi, moins de neuf mois après l'écrasement de son armée à Isly, Abd-er-Rhaman ose refuser de signer un traité qu'il a imploré lui-même, et son refus est aggravé d'un outrage.

La fibre française de Léon Roches en devient exaspérée, mais c'est coutume à lui d'opposer aux situations désespérantes des résolutions désespérées.

Le Général de la Rüe qui l'envoie en éclaireur, sans doute ne se sentira point assez soutenu par le Ministère; — eh bien! Roches assumera sur sa tête l'audace entière de son entreprise. Dès longtemps il sait lire au cœur des princes musulmans leurs pensées secrètes; — dans les lettres du Sultan à son fils, qu'à Isly il a saisies lui-même sous la tente de Mohammed, il a pu lire ceci: — « Prenez, suivant les circonstances, le vêtement de l'orgueil ou de l'humilité. » — Il connaît le proverbe marocain : *Si tu te fais agneau, je me fais lion ; si tu te fais lion, je me fais agneau.*

Et Roches se fait lion.

—❧—

Par les mains de Bou-Selham, son ami dès longtemps et *Ministre des Affaires étrangères* d'Abd-er-Rhaman, il fait tenir à l'Empereur une note, *signée de lui Léon Roches,* — lui demandant d'apposer *de sa main,* à l'exemplaire du traité qu'ont signé ses plénipotentiaires avec les plénipotentiaires français, — les mots que voici : — *J'approuve tous les articles du traité de délimitation qui précède, parce que mon intention a été, est et sera toujours de maintenir les frontières qui existaient du temps des Turcs.*

Et il donne à l'Empereur un bref délai pour se conformer à son *ultimatum;* — à défaut de quoi, ajoute la note, Léon Roches va se replier

immédiatement à Alger sur le Général de la
Rüe qui l'envoie.

—✵—

Il écrit alors et de suite au Général de la
Rüe : — « Ma lettre à Bou-Selham et la note
que je l'ai chargé de faire parvenir à la Cour de
Fez, vous inspireront de vives inquiétudes,
mon Général, et j'ai le pressentiment que vous
n'approuverez pas mon attitude audacieuse.
Mais j'ai pris le soin scrupuleux de n'engager
que moi, en parlant et en écrivant en mon
nom ; il vous sera donc loisible, en cas d'échec,
de me désavouer et de renouer les négociations.

« Quant à moi, mon cher Général, je ne suis
qu'un bien petit personnage, mais en demandant à ce que je fusse attaché à votre mission,
le Maréchal Bugeaud, dont je suis l'interprète,
m'a tacitement imposé le devoir de m'inspirer
de sa pensée. Eh bien ! si par les considérations
dont vous seul êtes juge, vous étiez, contraire-
ment aux nobles sentiments qui vous animent,

amené à faire *la moindre concession* aux insolentes exigences du Gouvernement marocain, je vous prierais de me renvoyer bien vite auprès de mon Maréchal. »

— ✦ —

Inquiet, toutefois, des péripéties de cette grave aventure, le Général de la Rüe arrive, sur *le Titan,* en rade de Tanger ; à peine arrivé, il reçoit à bord un billet de Roches :

— « Victoire ! mon ultimatum a produit l'effet que j'en attendais. L'Empereur, effrayé des conséquences terribles que j'ai déroulées sous les yeux du pacha Bou-Selham, approuve le traité sans la moindre modification. La lettre impériale est dans ma poche et jamais billet doux n'a fait battre plus délicieusement mon cœur. J'aurais été si malheureux d'avoir compromis le succès de votre mission, vous qui m'avez donné tant de preuves de bienveillance ! »

— ✦ —

Notre compatriote, avec son caractère, avec sa pénétration merveilleuse, avec sa fierté quand il parle au nom de la France, avec son abnégation, — est tout entier mis en lumière au cours de cette mission du Général de la Rüe.

Les audaces dont sa vie est pleine, Léon Roches les a toujours voulues aux risques et périls de sa personne ou bien de sa personnalité. Le sacrifice de soi-même est le grand honneur de sa vie entière. En cette circonstance le Général de la Rüe eut la noble équité, dans son rapport au Gouvernement du Roi, d'attribuer à Léon Roches sa juste et très grande part au succès.

CHAPITRE XXII.

—

Le sort en est jeté, — Léon Roches n'est plus *l'ombre et la parole* du glorieux Maréchal ; — il est attaché à la légation de Tanger en qualité de Secrétaire. Sa raison et son patriotisme ont consenti, mais son cœur en est déchiré. Écoutez-le :

— « Dans la carrière où me poussent les événements, ah ! trouverai-je des jouissances morales comparables à celles qu'il m'a été donné de goûter pendant les glorieuses campagnes d'Afrique !

— « Jouissant de la confiance absolue d'un chef qui m'honorait de son affection et me comblait de ses bontés ; — autorisé par lui à entretenir des relations directes avec tous les grands personnages arabes de l'Algérie ; — associé, malgré l'infériorité de mon grade au point de vue hiérarchique, à la haute direction de la politique arabe, — j'étais en outre initié aux vastes projets et à toutes les opérations militaires du Gouverneur général.

« Chargé de tout vis-à-vis les Arabes, — en campagne je remplissais en outre les fonctions d'officier d'ordonnance du Maréchal, et je prenais part à toutes les actions de guerre dont je subissais l'irrésistible enivrement.

« Au regret de m'éloigner de mon chef s'ajoutait encore celui de me séparer de cette admirable pléiade d'officiers de tous grades qui apportaient leur concours au grand œuvre du Maréchal.

« Que j'étais fier d'avoir conquis leur estime et leur affection !

— « Si mes lecteurs ont le courage de lire le troisième volume que je consacre au récit de mes missions au Maroc, à Tripoli et à Tunis, ils y retrouveront tous ces chers camarades, — les Trochu, Fourichon, Rivet, Bosquet, Vergé, Youssouf, Fleury, Garraube et tant d'autres. Combien, hélas! n'en ai-je pas laissé sur ma route de ceux *que j'avais choisis pour en être le compagnon !* »

— ❖ —

Après le succès de la fixation des limites, le Général de la Rüe est rentré en France n'ayant pu qu'élaborer les bases d'un traité de paix que comportait également sa mission. Léon Roches, en sa qualité de secrétaire de la légation française à Tanger, est chargé par M. Guizot d'en poursuivre la conclusion à la Cour de Fez, et c'est avec l'Empereur en personne qu'il traite et conclut.

Le traité signé, Roches reçoit l'ordre d'accompagner en France l'ambassadeur marocain chargé, selon l'usage, de présents pour le Sultan des Français. Dès son arrivée à Paris, le Roi veut le recevoir, le félicite et le consulte au sujet des présents de réciprocité qu'il serait au mieux d'adresser à l'Empereur du Maroc.

—✳—

— « Sire, dit Léon Roches à Louis-Philippe, votre Majesté permet-elle que je lui parle en toute liberté ? »

— « Eh ! sans doute, mon cher Monsieur Roches », voulut bien dire le Roi.

— « Eh bien ! Sire, je sais déjà que sont prêts les cadeaux accoutumés, — des étoffes, des tapisseries des Gobelins, des vases de Sèvres. Mais pourquoi ces cadeaux toujours les mêmes?

« Votre Majesté n'estimera-t-elle pas qu'il serait mieux de frapper d'étonnement la Cour de Fez et le peuple marocain par des dons inattendus, et de leur faire admirer notre grandeur?

« Sire, envoyez à l'Empereur du Maroc une superbe batterie d'artillerie attelée de magnifiques juments normandes. L'effet, j'en suis assuré, sera d'une puissance inouïe. La France, ainsi, prouvera à ces Musulmans que nous n'avons nul besoin de leurs chevaux plus frêles que les nôtres et que nous avons beaucoup de batteries semblables. »

—◆—

Le Roi Louis-Philippe goûta très fort l'avis de son jeune ambassadeur, — « mais, dit-il, mon cher Monsieur Roches, je suis un Roi constitutionnel ; — il faudrait que la pensée et la proposition de rompre ainsi avec les usages vinssent de mes Ministres et non de moi ».

Alors, par la vertu d'un petit complot entre le Roi et Léon Roches, — M. Guizot et ses collègues, visités chacun à son tour par le diplomate avisé, — vinrent proposer *d'eux-mêmes* au Roi des Français de rompre avec les usages.

Abd-er-Rhaman reçut donc une batterie d'artillerie superbe, attelée de splendides juments percheronnes. L'effet produit au Maroc fut stupéfiant.

—◆—

A Tanger, l'action de Roches, toujours ferme autant qu'affectueuse, éloigna tout conflit nouveau en ce poste toujours difficile. Un incident que nous choisissons entre tous va suffire à démontrer l'esprit de décision qui ne lui fit jamais défaut, aussi bien que l'autorité morale dont il jouissait auprès de tous.

Mal conseillées par des tribus marocaines de leur voisinage, des tribus algériennes s'étaient réfugiées au Maroc pour fuir notre domination. Arrivées sous les murs de Fez, elles se repentirent et tentèrent de rentrer en Algérie ; mais alors il y eut conflit entre elles et les troupes de l'Empereur du Maroc. Roches n'était alors que secrétaire de la légation française.

— ❧ —

Des délégués de ces malheureuses tribus viennent le supplier d'intervenir auprès du Sultan dont l'armée les menaçait d'un massacre. Aussitôt Roches part, seul, arrive à Fez et, franchissant les barrières de l'étiquette, obtient de suite et directement de l'Empereur la mise en liberté des tribus et sa protection jusqu'à leur paisible rentrée en Algérie.

Et ce fut là le premier et le seul exemple d'un Souverain mahométan replaçant de sa propre main, sous la domination des chrétiens, des populations musulmanes.

———

CHAPITRE XXIII.

—

Les guerres d'Afrique ont inscrit de grands noms en nos annales militaires. Guerriers éminents et poursuivant, avec passion, sous les yeux de la France anxieuse, cette grande conquête méditerranéenne, — quelques-uns de nos Généraux furent aussi des hommes à l'esprit large et partagèrent les sages visées du Maréchal, leur chef bien aimé. Convaincus avec lui que pour être et demeurer solidement *notre terre africaine,* il fallait à l'Algérie Tunis comme tête, Alger comme cœur, et, pour frontières, au Sud, les possessions marocaines,— ces hommes d'élite consacrèrent leurs efforts à préparer le triomphe de cette visée.

—◈—

Léon Roches, dont l'âme était tout entière depuis si longtemps à notre Algérie, fut un des apôtres les plus ardents de cette entreprise. Il lui fut donné, pareillement, d'être l'homme dont la suprême attirance a fait le plus pour la préparation et le succès de cette visée.

Il obtient le poste de Tunis, et nous estimons qu'alors ce fut là précisément son rêve.

En ces temps-là, *mordre* à Tunis n'était point commode. Vous avez pu voir, par l'histoire aussi bien que dans les contes arabes, quels hommes trempés et farouches furent ces potentats bronzés de la côte africaine. Sadok alors régnait à Tunis et Sadok était un sanglier, un *solitaire* que nul n'osait affronter.

— ❖ —

Auprès de Sadok, le rôle était dur à tout *représentant* de représenter une puissance chrétienne ; mais, pour un envoyé de la France, la fonction fut bien longtemps particulièrement insupportable. La France était le voisin abhorré,

le premier chrétien ayant mis le pied sur le sol
sacré de l'Islam. Dès avant avoir été présenté
et mal reçu, l'envoyé se voyait fermée l'âme
de Sadok et la porte de son palais à peine
entr'ouverte pour les rebuffades.

Une *scie* amusante et dès longtemps consti-
tuée était à Sadok comme un aiguillon pour les
rebuffades, et cette scie lui arrivait de Paris à
Tunis par les Ronds-de-cuir de nos Ministères.
Ah, les Ronds-de-cuir! une bastille encore à
prendre, celle-là, par un coup de main plus
glorieux et plus profitable que la prise de la
Bastille dont nous faisons fête.

En des temps reculés, *Margottin frères* avaient
eu, comme bien d'autres, un navire pillé sur
les côtes dangereuses de Tunisie. Fortement appuyés par les Ronds-de-cuir, ils avaient envoyé
à Sadok leur facture de *huit cent mille francs*.
Le représentant de la France avait naturellement offert la facture à Sadok ; Sadok, dans sa

grande colère, avait envoyé tout le monde se promener.

Ainsi de suite durant longues années. Margottin frères étaient opiniâtres, les Ronds-de-cuir l'ont toujours été ; la facture Margottin frères à présenter tout d'abord au *sanglier* était devenue la terreur de tout envoyé nouveau de la France à Tunis. Et c'est là ce qui faisait, de la scie Margottin frères, comme une triple enceinte à franchir pour accéder au cœur imprenable du potentat.

—·ɬɣɬ·—

Léon Roches arrive à son tour à Tunis au titre d'envoyé de la France, catéchisé comme tous, et suivant l'usage, par les Ronds-de-cuir. Nous allons voir ici sa méthode :

— Eh bien ! lui dit Sadok de sa voix fauve, tu viens de voir ton Sultan ?

— Je viens de voir mon Empereur.

— Et que t'a-t-il dit, ton Empereur ?

— Mon Empereur m'a dit qu'en récompense

de mes services, il me faisait le très grand honneur de m'envoyer auprès de toi.

— Et Margottin frères ! — il t'a parlé de Margottin frères ?

— Il m'a parlé de Margottin frères.

— Ah ! fit Sadok avec un rugissement, — et que t'a-t-il dit de Margottin frères ?

— Mon Empereur m'a dit ceci : « J'apprends que, sous d'autres souverains, on a fatigué mon frère Sadok d'une facture Margottin frères. Fais lui bien savoir, à mon frère, que j'ai donné l'ordre que soit déchirée la facture. Fais lui savoir, pareillement, que j'entends vivre auprès de lui comme un tendre frère et lui prêter assistance pour accroître encore sa grandeur. »

—✳—

Ainsi furent franchies d'un seul bond les trois enceintes qui cuirassaient le cœur de Sadok. Notre compatriote subtil fut dès lors journellement recherché par le sanglier ; son

humeur chevaleresque et son charme eurent
bien vite consolidé son empire. Durant les
longues années de son séjour à Tunis, il eut,
seul parmi tous, la confiance entière de l'ombrageux potentat.

Il sut en profiter pour sa visée, et pour celle
aussi de Bugeaud ; au départ de Léon Roches,
la préparation de *Tunis à la France* était consommée.

—✻—

Léon Roches était encore Consul général à
Tunis lorsque fut décidé le voyage de l'Empereur Napoléon III en Algérie. A cette occasion,
le Gouvernement français témoigna à son Consul général le désir de voir arriver à Alger un
personnage de la Cour Tunisienne pour y
saluer l'Empereur. Ce désir était précisément
inspiré par la *Visée de Tunis*.

Jamais jusqu'à ce jour on n'avait pu déterminer, en faveur de la présence d'un prince
français, aucun potentat africain à dépêcher un
envoyé pour saluer ce prince.

—✦—

Léon Roches répondit à son Gouvernement :

— « Envoyez-moi une frégate de la marine impériale et je vous amènerai Sadok lui-même. »

Et malgré l'agitation faite autour du Bey à cette nouvelle, malgré l'opposition des Conseillers de Sadok et des Ulémas, en dépit des objurgations du Consul général d'Angleterre, — Sadok s'en fut à Alger, sur la frégate de *son frère,* avec son grand ami Léon Roches, — il s'en fut saluer l'Empereur.

C'est ainsi que notre Consul général à Tunis sut déterminer *un prince musulman à venir rendre hommage à un souverain chrétien sur une terre musulmane conquise par les chrétiens.*

CHAPITRE XXIV.

—

A ces traits épars d'un grand portrait que nous sentons bien n'avoir point su réussir à notre gré, nous voulons encore ajouter un coup de crayon qui ne saurait déplaire à un homme d'un si grand honneur qu'est notre compatriote.

Dans le domaine de la politique, Léon Roches s'est tenu toujours enchaîné à la plus noble des fidélités, celle que Monseigneur d'Hulst appelait la fidélité posthume.

Présenté d'abord en Afrique au Duc d'Orléans, puis faisant partie en expédition de l'État-Major du Prince, — jusqu'à la chute du trône de Louis-Philippe, il a servi la Dynastie avec un dévouement inaltérable, honoré jusqu'au bout de la bienveillance de son Roi, en relations intimes, verbales ou épistolaires, avec tous les membres de la famille d'Orléans.

Aujourd'hui encore rien n'est changé, ni dans son dévouement absolu, ni dans ses relations avec les Princes. Le Duc d'Aumale, mort dernièrement, lui écrivait avec effusion et lui envoyait des cartes ainsi annotées : « *Avec l'espoir de recevoir encore et bientôt son vieux camarade à Chantilly.* »

En chaque salon des Princes de la famille, il est connu sous le nom d'*ami fidèle*.

—◆—

Présenté au Prince-Président de la République, en 1850, par son ami et camarade le Général Fleury, Léon Roches se trouve amené à donner au Prince des explications sur la résolution qu'il avait prise d'*amener son pavillon* au Maroc, pendant sa gestion intérimaire.

— « Vous êtes venu depuis cette époque à

CHAPITRE XXIV.

Paris, lui dit le Prince ; pourquoi n'avez-vous pas demandé une audience pour m'expliquer votre détermination ? »

— « Oserai-je avouer à votre Altesse, lui répond Léon Roches, que, comblé hier encore des faveurs et de la bienveillance du Roi Louis-Philippe, je n'ai pas eu le courage de franchir le seuil du palais d'où une Révolution venait de le chasser. »

Roches prononçait ces paroles avec une profonde émotion, mais il se remit bien vite en entendant le Prince lui dire avec bienveillance :
— « Vous n'avez pas à vous excuser, Monsieur Roches. Votre conduite alors aussi bien que votre émotion à présent vous honorent. Vous avez hautement mérité la confiance du Gouvernement que vous avez servi. »

—✦—

Un trait encore à citer, dans la vie de Léon Roches, au point de vue de sa constante fidélité.

Ce n'est point l'usage, et nous ne saurions en être surpris, que les princes d'une dynastie tombée aient pour pied-à-terre, quand ils parcourent le monde, les légations françaises d'un autre Gouvernement établi. Il est arrivé pourtant à notre compatriote de s'écarter franchement, en ce sujet délicat, des coutumes en usage. Nous en dirons un exemple.

Il est Ministre de France au Japon quand arrive à Yokohama, en 1867, le Duc de Penthièvre accompagné de son aide-de-camp Fauvel et d'autres officiers de sa maison. Léon Roches avait à se rendre, ce jour-là, auprès du Taïkoum à Osaka ; mais il met à la disposition du Prince et de son entourage sa légation de Yeddo. Le soir, il y revient passer la soirée avec le Prince.

—◈—

Peu de temps après, le Duc d'Alençon arrive à son tour et descend à la légation anglaise. Roches s'empresse de le visiter ; le Prince lui rend immédiatement sa visite à la légation, et Roches l'invite à dîner.

La réunion sous le toit du *Ministre de l'Empereur Napoléon III* fut une réunion peut-être insolite, mais assurément sans détours. — A la table, le Prince et sa suite, l'Amiral Roze, les officiers supérieurs de notre station navale, la mission militaire française, le Ministre d'Angleterre et les principaux négociants français de la Ville, — enfin Léon Roches, l'hôte de céans.

— ✳ —

Devant cet accueil, le Duc d'Alençon, les larmes aux yeux et serrant les mains de Roches, lui dit : — « C'est la première fois que je reçois l'hospitalité sous un toit français, à l'ombre du drapeau de la France ».

Au champagne, le Ministre de Napoléon III se lève et boit à la France. — « A la France ! » répète le Prince.

Plus tard, nous rencontrons ces mots dans une lettre du Duc d'Aumale à Léon Roches :

— « Mes neveux m'ont raconté combien vous avez été aimable pour eux au Japon. Eux et mes frères vous en sont bien reconnaissants. »

—⊷⊶—

Mais à Paris, dans les salons de l'Empereur, à la suite de ces petits événements en l'Extrême-Orient, des esprits malveillants rendent compte à Sa Majesté de la réception faite par *Monsieur Léon Roches*, Ministre de France, à un prince de la famille d'Orléans. Ils cherchent à desservir notre compatriote auprès de l'Empereur, son maître.

— « Messieurs, je l'approuve au contraire, répond Napoléon III ; M. Roches a le courage de la reconnaissance envers les membres de la famille d'un Souverain dont il a reçu les faveurs. »

CHAPITRE XXV.

Nos quelques pages sur Léon Roches ne sauraient mieux finir que sur un chapitre dans lequel nous ne cacherons point notre prétention de démontrer combien sont imprudentes, dangereuses et sur le point de devenir cruellement néfastes les méthodes appliquées aujourd'hui en Tunisie par nos Gouvernants.

Léon Roches qui, vous l'avez vu, a possédé si bien tout entière *l'âme* des Arabes, n'a rien perdu de son prestige auprès de leurs grands Chefs aujourd'hui.

S'imaginant, en leur simplicité, qu'un homme tel que lui doit avoir crédit dans les Conseils de la France, — quand ces Chefs ont une angoisse, c'est encore à Léon Roches qu'ils font entendre leur plainte. Peut-être hélas ! aujourd'hui, sur la terre africaine, depuis l'outrage de l'émancipation des Juifs, ne se sentent-ils plus un ami.

— ❧ —

La France est saisie du Protectorat de la Régence, et c'est bien. Tunis est la tête, nous l'avons dit, Alger est le cœur de cette grande population musulmane, *ennemie du Turc par dessus tout,* dont, seule, la fraction Algérienne sut nous résister tant d'années avec tant de vaillance, et qui s'étend des portes de Constantinople à Tanger.

Cette population dont nous sommes à peu près les maîtres, dont nous sommes les protecteurs puisqu'elle est notre vassale, — cette population est une puissance. Compacte par ses sentiments religieux, elle est également étroitement liée par tous ses intérêts politiques. Elle a son aristocratie qu'elle respecte, qu'elle aime et qui la commande. Reconnaissant

aujourd'hui son impuissance à résister aux
Chrétiens, délivrée des Turcs, elle préfère
ouvertement le joug de la France à la domination d'aucun autre.

A tant de titres, les avertissements des
hommes qui sont l'âme de cette vaste agglomé-
ration musulmane ne sauraient être indiffé-
rents à la Métropole ; leurs intérêts sont les
nôtres. A nous incombe de ne point fermer nos
yeux à la lumière qu'ils nous apportent.

—:¿:—

C'est cette lumière que nous prétendons
faire luire aux yeux de nos compatriotes.
Marseille, par la voix de ses sommités commerciales les plus éminentes, n'a cessé de protester contre les mesures d'administration
pratiquées en Tunisie.

La lettre que nous publions en terminant
ces pages, élevant la question africaine bien
au-dessus encore de nos intérêts commerciaux,
nous fait toucher du doigt les dangers que nous

préparent notre imprévoyance et notre coutume aussi, depuis plus d'un quart de siècle, d'abandonner aux convoitises de nos compétiteurs la propre jouissance de chacune de nos conquêtes.

—◈—

Cette lettre est d'un Chef arabe de grande tente, qui compte parmi les Chefs liés depuis de longues années au service de la France, qui se sent le droit et le devoir de dire la pensée de tous musulmans à Tunis comme en Algérie, et qui expose cette pensée avec une logique et une clarté saisissantes.

Léon Roches a toujours reçu et reçoit encore des lettres concordantes, émanées de différents Chefs. Celle qu'on va lire, nous la choisissons entre toutes.

Traduction d'une lettre écrite par un Chef arabe de l'Algérie, attaché depuis plus de quarante ans au service de la France, à Monsieur Léon Roches, ancien interprète en chef de l'armée d'Afrique.

———

« Louanges à Dieu unique !

« Il n'y a de durable que le Royaume de Dieu !

« A notre ami de toutes les heures de bonheur ou d'infortune, à celui dont tous les habitants des contrées Africaines qui bordent la grande mer de l'Ouest et du Septentrion, depuis les Émirs jusqu'aux bergers, ont éprouvé le concours et le généreux appui.

« A Sid Omar, fils de Roches.

« Que Dieu t'accorde la félicité éphémère parmi les hommes, éternelle auprès de Lui.

« Après les saluts dus à ta personne, puissent les caractères tracés sur cette feuille arriver sous tes yeux dans une heure favorable, et, pour donner à l'objet de notre lettre l'importance qui lui convient, je la commence en rappelant à ton souvenir la mémorable invocation prononcée par les lèvres augustes de l'Empereur Mouley-Abd-er-Rahman, Sultan du Maroc, lorsque, te couvrant du pan de son burnous dans son palais de Rabat, il te dit : « QUE LE SEIGNEUR « TE COUVRE DE SA BÉNÉDICTION COMME JE TE « COUVRE DE MON VÊTEMENT, tant que tes « efforts tendront à faire le bien entre les Chré- « tiens et les Musulmans ».

« Tu ne les as jamais oubliées, ces saintes paroles, tant que tu as vécu dans nos pays. Nous t'adjurons de t'en souvenir aujourd'hui. — Écoute le vieil ami que tu as si longtemps honoré de ta confiance et dont tu ne méprisais pas les humbles conseils.

« Des dangers menacent en même temps votre influence et votre domination ainsi que l'avenir des Musulmans à Tunis et en Algérie.

« Tous nous savons que si la Dynastie des Heussein ben Ali [1] règne encore à Tunis, c'est à l'intervention de la France, *de la France seule,* qu'elle doit le maintien de son indépendance ; et nous savons également, qu'en compensation de cette protection efficace, la France a entendu maintenir son influence EXCLUSIVE à la Cour des Beys, afin de régler avec elle SEULE les difficultés qui naissent sur les frontières et empêcher l'ingérance de puissances étrangères dans un pays limitrophe de l'Algérie, où il serait facile à celle de ces puissances qui deviendrait son ennemie d'organiser des moyens d'attaque de toutes sortes, introduction d'armes et de munitions, excitations à la révolte, etc., etc.

« Nous n'avons pas oublié qu'en l'année 1832, la Sublime Porte ayant substitué l'un de ses

---

[1] Nom de famille des Beys qui règnent à Tunis.

Pachas, à l'ancienne Dynastie des Caramantis [1] à Tripoli, tenta, à plusieurs reprises, d'exécuter le même coup de main à Tunis.

« Mais là les vaisseaux et les Pachas turcs ont toujours trouvé devant eux, comme un mur infranchissable, les vaisseaux et les Consuls de la France.

« Des faits indéniables qui précèdent, nous concluons que la France peut considérer les Beys de Tunis comme des Princes placés sous sa protection et qu'elle a le droit de leur défendre d'accorder à des puissances étrangères des faveurs ou des privilèges qui seraient un jour de nature à compromettre son influence à Tunis et menacer par conséquent sa domination en Algérie.

« Eh bien ! en apprenant que des chemins de fer, des lignes télégraphiques, des exploitations minières et agricoles, sont concédées à

---

[1] Princes qui gouvernaient héréditairement les États de Tripoli, de Barbarie, dans les mêmes conditions que les Heussein ben Ali à Tunis.

d'autres puissances que la France en Tunisie, nous ne pouvons nous empêcher de voir, dans ces concessions, un affaiblissement de votre influence et une brèche par laquelle vos ennemis présents ou futurs pourront pénétrer en Algérie.

« Entre autres faits qui se passent à Tunis, un des plus surprenants est celui-ci :

« Un étranger veut exercer un droit de *Scheffàa*[1] sur un immeuble vendu régulièrement à une Société française par le Général Kheir-ed-Din. Cet immeuble est tout un District qui a été donné au Général par le Gouvernement du Bey, en récompense des grands et loyaux services rendus au pays par cet éminent Ministre, l'homme intègre parmi les plus intègres.

« Pour exercer ce droit de Scheffàa, des intrigants de toutes religions et de toutes nationalités, soutenus par de hautes influences à la

---

[1] Retrait de vente.

Cour du Bey, ont choisi un individu couvert d'un pavillon étranger, acquéreur simulé des terrains avoisinant l'immeuble en question, et qui, suivant la loi musulmane, expliquée par le plus illustre de nos commentateurs, Sidi Khelil, ne se trouve pas dans les conditions exigées par notre loi pour exercer le droit de *Scheffia.*

« Et l'affaire est pendante ! et le Bey semble favoriser les intrigues et les menées dirigées contre la nation, unique soutien de son trône !

« Et la France permet que, sous les yeux de son Consul, — *un homme pourtant parmi les hommes*[1], — des étrangers envahissent impunément une propriété française !

« Oh ! mon ami, en face d'une pareille situation n'ai-je pas raison de te répéter les paroles qui commencent cette lettre : *Des dangers menacent, en même temps, votre influence et*

[1] Cette expression est le plus bel éloge qu'un Arabe puisse faire d'un homme.

votre domination, ainsi que l'avenir des Musulmans, à Tunis et en Algérie.

« Mais, te diront tes compatriotes, qu'importe aux Musulmans Tunisiens et Algériens que les Français maintiennent leur influence exclusive à Tunis et leur domination en Algérie?

« Réponds-leur ce que tu sais aussi bien que nous, car tu as su lire les plus secrètes pensées de notre cœur. Dis-leur que des Musulmans peuvent difficilement vous aimer, vous Français qui avez pris leur pays, et qu'ils béniraient le Seigneur le jour où ils pourraient chasser à jamais les Chrétiens de la terre musulmane. Mais hélas! ils ne peuvent plus se faire illusion sur leur faiblesse, et ils savent que pour vous chasser il leur faudrait appeler d'autres maîtres. Or, puisque nous devons subir un joug, nous préférons le vôtre; nous n'ignorons pas qu'il est le moins lourd.

« Quant aux Tunisiens, ils sont au courant des visées de la Sublime Porte sur leur pays, et ils ont horreur de la domination Turque. En

effet, tous les Musulmans connaissent la pré-
diction du plus saint de nos Marabouts :

« *Il ne croîtra plus un brin d'herbe sur la*
« *terre qui sera foulée par le pied des Turcs.* »

« Or, toute influence acquise en Tunisie, en
dehors de la France, amènera forcément,
fatalement, la substitution de la domination
des Osmanlis à celle des Heussein ben Ali.

« Voilà la vérité éclatante, reconnue par tous
les Musulmans d'Alger et de Tunis, grands ou
petits. Aveugle qui ne la voit pas, insensé qui
ne la comprend pas.

« C'est pourquoi, ô toi notre ami le plus sincère, le serviteur le plus dévoué de ton pays,
je t'adjure, au nom de tous mes frères de
l'Islam, de proclamer ces vérités parmi tes
compatriotes. Ne me répète pas que, réfugié
dans ta retraite, tu ne peux plus faire écouter
ta parole. Dieu donne le retentissement du ton-
nerre à la voix de celui de ses serviteurs qui
s'élève pour défendre la justice.

« Souviens-toi que le Très-Haut ne nous

punira pas seulement du mal que nous aurons
fait, mais qu'il nous demandera compte du
bien que nous aurons négligé d'accomplir.

« J'appose mon nom et mon cachet au bas
de cette lettre qui est l'expression bien insuf-
fisante de mes pensées intimes, parce que je
sais que les poitrines des hommes vertueux
sont le tombeau des secrets.

« Que le Seigneur de tous les mondes répande
ses bénédictions sur celles de ses créatures
qui pratiquent le bien, et qu'il te tienne, en
particulier, dans sa sainte et digne garde.

« Écrit par la main périssable de ton ami
sincère, l'esclave de son Dieu glorieux.

« MOHAMMED ALI X. »

ÉPILOGUE

— ✦ —

A NOS LECTEURS

—

Sit nova progenies! *L'œuvre Delphinale, et Française davantage encore, l'œuvre de justice et de réparation dont nous avons voulu tenter l'entreprise, ici se trouve achevée.*

Avec vous, lecteur, en ces Quelques pages, — au contact accidentel de cette grande et noble figure contemporaine que fut et demeurera le Maréchal Bugeaud, nous venons de nous imprégner de pensées réconfortantes.

ÉPILOGUE.

Le Maréchal! Ah! sans doute, la plume ne peut que trembler aux mains quand elle touche, même sans la prétention de le figurer, à ce héros qui semble d'un autre âge, — vie magnanime, soldat immortel, tribun prophétique, sans pitié pour les sophismes, les légendes et les chimères, flagellant à la tribune, avec un profond dédain, toutes les fictions, toutes les malfaisances, professant son horreur *invétérée de la race impuissante des révolutionnaires, mettant à tous les soleils sa haine pour tout ce qui n'est pas* selon Dieu.

Et Français par dessus tout, immuable dans sa passion pour son pays.

— ❋ —

Mais au spectacle de tant de grandeur et de simplicité, au souvenir vivifié de ce grand citoyen que la France d'alors arrachait à la

charrue pour en faire, en Afrique, son Missus
Dominicus pour la guerre comme pour la
paix, — ne sentez-vous point avec nous qu'il
nous est accordé, en quelque sorte, de nous
identifier avec son âme ardente et si géné-
reuse, d'être ranimés au souffle de cet héroïsme,
de sentir hausser nos âmes au contact de cette
fière nature?

— ❦ —

Une douleur immense, aujourd'hui, nous
envahit tous quand nous abaissons nos regards
jusqu'aux misères, jusqu'aux ignominies du
présent. Avec tous les abaissements, toutes
les hontes et tous les périls. Sous nos pieds,
le sol tremble et nous éprouvons des terreurs;
après la défaite de nos armes, nous avons
subi la défaite de nos courages.

Oui, la défaite de nos courages! Lesquels
parmi nous, aujourd'hui, se sentent remués

de cette « grande pitié pour la France » *qui fit se lever Jeanne d'Arc? — Lesquels de nous savent se souvenir qu'aux bras désarmés le courage est encore une épée?*

Et pourtant nous avons des aspirations. En proie aux angoisses, nos âmes s'agitent dans les ténèbres d'un avenir incertain; courbées sous le poids des écroulements, elles sentent la nostalgie d'un état de choses fort et respecté.

—◆—

Mais, à cette aspiration qui nous presse, savons-nous apporter notre effort? L'amour de cette chère France, nous l'avons tous aux lèvres et peut-être l'avons-nous tous au cœur; mais l'avons-nous bien tous en nos agissements?

Et si vous voulez bien reconnaître avec moi que notre fierté provinciale qui nous

donna tant de gloire en nous laissant demeu-
rer si bons Français, — notre Mens Delphinica
est telle aujourd'hui que tout ce que l'on peut
demander à notre vaillance c'est de ne point
encore déboulonner la statue de notre Bayard.
— Eh bien! ô mes chers compatriotes, haut
les cœurs, rincez vos âmes et sit nova progenies!

A LÉON ROCHES.

—

Glorieux ami, le groupe, dont l'affection engendra ce livre et dont l'écrivain n'est ici que le secrétaire, l'a écrit contre le flot des tapages contemporains qui ferment aujourd'hui nos yeux et notre oreille aux gloires vraiment patriotiques, contre le Fatum *et contre vous-même.*

Vos amis l'ont écrit, pour les réticences qui se trouvent en vos « Mémoires », pour vous bien placer à vos propres yeux, comme aux yeux de tous, en la phalange des Français, nos contemporains les plus éminents, au rang où vous ont fixé tous les actes de votre vie, où vous a placé de sa main l'illustre Maré-

chal, aux applaudissements unanimes de nos Généraux africains, vos compagnons d'armes.

— :❖: —

La brillante histoire de notre Épopée guerrière africaine ne sera peut-être jamais écrite ; la Révolution dispersa les trois historiens choisis dont il vous fut donné d'être l'un.

Dans votre livre éclatent de toutes parts les lueurs qui eussent illuminé cet ouvrage. Le seul mérite dont prétendent se réclamer ces « Quelques pages », c'est d'avoir voulu fixer les regards sur votre beau livre inachevé.

— :❖: —

Et voici que notre œuvre, entreprise avec timidité, aujourd'hui se présente à ses lecteurs avec assurance et triomphante. A son

appel, une phalange patriotique, une liste d'or
est accourue sous sa bannière.

*Ce succès anticipé, votre nom seul l'a fait,
brave* Lionne ! *et votre nom seul pouvait le
faire.*

*Pour moi, noble ami, un de mes titres pré-
cieux demeure d'avoir fait la conquête de
votre affection, un de mes souvenirs les plus
aimés sera toujours de vous avoir entrevu,
bien qu'à peine, en ce cher vieux lycée de
Grenoble d'où nous sommes partis tous deux :*

« Vous avec un clairon, moi sur un ton modeste. »

LETTRE DU MARÉCHAL BUGEAUD

A LÉON ROCHES

La Durentie le 4 mai 1848

Mon cher Roches

J'ai reçu avec bonheur votre lettre d'Alger, j'y ai
retrouvé votre âme et votre cœur. J'en ai été vivement
touché; soyez sûr que je vous rends bien les sentiments
que vous avez pour moi. Ma femme veut que je vous
dise la même chose pour son compte.

Oui il s'est passé de bien grands évènements depuis
notre dernier échange de lettres. Ah si ce n'était qu'une
république substituée à la monarchie j'en prendrais
facilement mon parti; j'ai depuis mes troubles enfance

des mœurs très démocratiques, j'ai toujours vécu dans
l'intimité du peuple, soit dans les camps, soit dans les
champs, et dans ces deux situations je crois lui avoir
prouvé mon amour. Mais, mon ami, l'avènement
de la démocratie pure a fait surgir une multitude
de théories absurdes et dangereuses, de passions mau-
-vaises, qui compromettent singulièrement l'avenir de
la république. Tout le monde l'avait adoptée d'abord,
si non avec transport, du moins avec une résignation
mêlée d'espérance. Les grands principes proclamés
d'abord avaient fait disparaître les craintes, les répu-
-gnances qui naissaient naturellement du souvenir

de ce que fut le souverain. Mais bientôt la peur
qu'il avait disparut, parce que, sauf la guillotine, on
vit reprendre toutes les allures, produire toutes les paroles
de 93. Des commissaires envoyés dans les départements
pour les révolutionner et manipuler les élections, ne
tardèrent pas à diviser le peuple en deux catégories,
les purs et les impurs, les républicains de la ville et ceux
du lendemain. La partie la plus mauvaise du peuple
de la rue fut excitée contre la bourgeoisie, contre les
riches; et cette tourbe, dans sa foule des villes et dans
quelques campagnes s'est livrée à de grandes violences.
Et moi qui avais adopté franchement la république
n'ai-je pas été menacé du pillage, et peut-être d'être

nent pas une commune voisine, qui ne voulus
avoient avoit fournie à forger de mensonges. J'ai
été sauvé par le dévouement bien comme de ma com
et peut-être aussi parce que l'on m'avoit entouré de 30
paysans résolus, ayant Bo corps d'état. J'avais pour
mon compte 5 favoris à le corps et le protester; Je me
suis souvenu au moment de la défense de Charles X
à Bender et j'étais bien résolu à l'imiter.

Enfin nous respirons un peu. Malgré les manœuvres
les plus coupables du parti ultra républicain, malgré
tout le système d'intimidation, les élections sont de nature
à nous faire espérer l'établissement d'une république
raisonnable; Soyez sûr cependant que ce ne serons pas

dans de nouvelles luttes. Penser le contraire serait ne
pas connaître le parti radical

Les communistes et les socialistes n'ont pas dit
non plus leur dernier mot. Les Icariens ont imaginé
qu'il était possible d'organiser le travail de manière
à ce que tous les ouvriers fussent dans une grande abon-
-dance tout en travaillant beaucoup moins. Le grand
mot plus d'exploitation de l'homme. Ainsi quand
vous faites faire un habit ou une paire de bottes, que
vous payez largement vous exploitez le tailleur et le
bottier. Les habiles écrivains tribuns ont sans doute
pensé que les chefs d'atelier faisaient tous des fortunes
colossales avec les sueurs de leurs ouvriers et qu'ensuite

il existait qqpart une grosse masse de richesses
en tout genre, précisément au travail pendant des
aristocrates s'étaient emparés et avaient frustré le
peuple. Il faut bien qu'ils pensent ainsi puisqu'ils
disent que les richesses sont mal réparties et que
la révolution a été faite pour que le partage fut
équitable, J'avais cru jusqu'ici que les richesses ne étaient
créés et répartis que par le travail dont chacun a sa
selon sa force, son intelligence et son activité, Je
m'étais trompé comme un sot que je suis. C'est Dieu
qui donne toutes les richesses comme il a donné la terre
l'eau, l'air et la lumière. Tout le monde a donc des

Mais que vais-je vous dire là ? vous penserai que
je vous prends pour un barbare du sahara, un Touareg.
Mais ne vous fâchez pas cela vaut mieux que si
vous prenais pour un savant. Voyez où les lettres vous
conduit à force de lumières et de civilisation. Tous les
jours une partie de notre peuple fait des infamies
dont rougiraient les Touareg. Deux mois après leur
les proposer d'Ixelles a lascivé, bafoué pendant tout
un jour un beau portrait du Roi que j'avais fait
à leur ville et sur le soir on l'a enchaîné et brûlé.

Nos colons de l'Algérie sont dans un délire parce que
de la république et des institutions qu'elle leur a octroyé
ils croient qu'à présent tous les obstacles sont vaincus.
Les insensés ! ils verront le revers de la médaille.

Le général Cavaignac est rappelé; est-ce pour être ministre de la guerre? je le désire; mais cela n'en a pas
l'air. Je l'aimerais mieux pour ministre que beaucoup d'autres. Il serait bien étrange qu'on l'eut rappe-
-lé purement et simplement. C'est peut être pour lui
donner le commandement d'une armée. Savez vous que
nous commençons à tourner à la guerre? Pour mon compte
je n'en serais pas fâché; mais si j'avais voix au cha-
-pitre je ne conseillerais pas cette folie. Nous pouvons
y perdre ou notre nationalité ou la liberté. Ce qui est
certain c'est que nous y achèverons notre ruine——

Adieu, mon cher Rocher, présentez mes hommages à
votre femme, mes compliments à votre beau-père [...]
pour vous toutes mes amitiés.   M^al B 2 J.

Maréchal Duc d'Isly.

NOMS

DES SOUSCRIPTEURS

Les exemplaires,
— tous souscrits, — sont numérotés à la main
et signés en dernière page

1. ACADÉMIE DE SAVOIE, à Chambéry.
2. Le COMMANDANT ACHARD, médecin major de 1re classe, médecin en chef de l'hôpital Saint-Bruno, à Saint-Laurent-du-Pont.
3. Le COMTE D'AGOULT, lieutenant de vaisseau en retraite, château de Beauplan, à Voreppe.
4. M. ARISTIDE ALBERT, receveur municipal de Grenoble en retraite, à Grenoble.
5. Mme ALLEGRET, à Voiron.
6. Le GÉNÉRAL G. ANGLÈS D'AURIAC, à Grenoble.
7. Le MARQUIS D'ARCES, château de Blanchelaine, près Tain.
8. ARCHIVES DES HAUTES-ALPES, GUILLAUME, chanoine honoraire, archiviste, à Gap.

9. Mme Gaston ARMAND, à Vienne.
10. Mme Gaston ARNAUD, à Nîmes.
11. Le Commandant ARNOUX, capitaine de frégate en retraite, à Grenoble.
12. Le Colonel AUBENAS, à Montfleury.
13. Mme La Générale Comtesse D'AUTEMARRE, à Paris.
14. M. AUZIAS-TURENNE, président de Chambre à Chambéry, à Voreppe.
15. S. A. R. Monseigneur.....
16. M. Aimé BABOIN, à Saint-Vallier.
17. M. Auguste BABOIN, à Lyon.
18. M. Émile BABOIN, à Saint-Vallier.
19 à 28. M. Henri BABOIN, à Lyon (*dix exemplaires*).
29. M. Léonce BABOIN, à Lyon.
30. M. Raymond BABOIN, à Saint-Vallier.
31. M. Fernand BALLY, notaire, à Voiron.
32. M. Michel BARNIER, capitaine d'artillerie territoriale, à Voiron.
33. Le Marquis de BARRAL-MONTFERRAT, château de Voiron, à Voiron.
34. Mme de BARRAL, Comtesse LEPIC, château du Mistral, à Vourey (Isère).
35. Le Vicomte Edgard de BARRAL, à Paris.
36. Le Baron de BARRIN, à La Peyrouse-Mornay.
37. Mlle Marie de BARRIN, à La Peyrouse-Mornay.
38. Le Baron H. de BARRIN, à Tael.
39. M. de la BEAUME, Marquis de PUY MONTBRUN, à La Garde-Adhémar.

40. Mme BÉCQUART, à Voiron.
41. M. BELLIER du CHARMEIL, ancien magistrat,
   à Valence.
42. M. Marius BELIN, industriel, à Fures.
43. M. R. BELMONT, directeur du Crédit Lyonnais,
   à Grenoble.
44. Le Pasteur BENOIT, à Cette.
45. Le Baron de BERNON, à Saint-Sorlin en Val-
   loire.
46. M. Louis BERTHOLET, industriel, à Voiron.
47. M. de BEYLIÉ, colonel d'Infanterie de marine.
48. M. de BEYLIÉ, à Grenoble.
49. Mme de BEYLIÉ, à Grenoble.
50. BIBLIOTHÈQUE MUNICIPALE de Grenoble.
51. BIBLIOTHÈQUE de Valence.
52. BIBLIOTHÈQUE de la Garnison de Valence.
53. M. Henri BILLION, inspecteur du P.-L.-M. en
   retraite, à Voiron.
54. M. BILLION, négociant, à Saint-Laurent-du-Pont.
55 à 62. M. Augustin BLANCHET, château d'Alli-
   vet, à Renage (*huit exemplaires*).
63. M. Charles BLANCHET, à Voiron.
64. M. Jules BLANCHET, à Voiron.
65. M. Léonce BLANCHET, à Rives.
66 à 72. M. Paul BLANCHET, à Rives (*sept exemplaires*).
73 à 77. M. Victor BLANCHET, à Rives (*cinq exemplaires*).
78. M. Hermann BLANCHON, à Lyon.

79. Mme Hermann BLANCHON, au Camet.
80. M. Paulin de BOISSIEU, à Saint-Martin-le-Vinoux.
81. Mme Paulin de BOISSIEU, à Saint-Martin-le-Vinoux.
82. Le Général de Division BORSON, à Chambéry.
83. M. Amédée de BOUFFIER, à Livron.
84. M. BOYER de BOUILLANE, avocat à la Cour d'Appel, à Paris.
85. M. Casimir BRENIER, président de la Chambre de Commerce, à Grenoble.
86. M. Georges BRENIER, sous-directeur de l'exploitation de la Compagnie des Messageries maritimes, à Marseille.
87. Le Vicomte BRENIER de MONTMORAND, à Paris.
88. M. BRET, industriel, à Voiron.
89. M. BRETON, sous-inspecteur des Forêts, à Saint-Laurent-du-Pont.
90. M. F. BREYNAT, directeur du Journal le *Clairon des Alpes*, à Grenoble.
91. M. Louis de BREZENAUD, inspecteur d'Agriculture, villa du Perron, à Quintenas.
92. M. Georges de BREZENAUD, à Bizerte.
93. M. BREZUN, directeur de l'Établissement des Révérends Pères Chartreux, à Voiron.
94. M. A. CARRE, à Grenoble.
95. M. Aristide CASTELBON, industriel, à Voiron.
96. M. Jules CEAS, à Valence

97. CERCLE CATHOLIQUE, à Voiron.

98. CERCLE DE RIVES (Isère).

99. CERCLE DU COMMERCE, à Voiron.

100. CERCLE DU DAUPHINÉ, à Voiron.

101. M. CHABERT, inspecteur du P.-L.-M. en retraite, à Grenoble.

102. Le Comte P. de CHABRILLANT, château de Saint-Vallier, à Saint-Vallier.

103. Mlle Marie CHALEY, à Ruy.

104. M. Maurice CHAMPAVIER, à Charenton.

105. Mme CHAMPEL, à Dijon.

106. M. Charles CHARAUX, professeur honoraire de Philosophie à l'Université de Grenoble.

107. M. CHARBONNIER, avocat, conseiller général de l'Isère, à Grenoble.

108. S. A. R. Monseigneur le Duc de CHARTRES, à Paris.

109. L'Ordre des Révérends Pères CHARTREUX, à la Grande-Chartreuse.

110. M. G.-A. CHATIN, président de l'Académie des Sciences, à Paris.

111. M. de CHAVANNES, gouverneur honoraire des Colonies, à Lyon.

112. M. Camille CHAVANT, fabricant de velours et peluches, à Voiron.

113. Le Comte G. du CHAYLARD, consul général de France, à Paris.

114. M. Ivan CHILLER, à Dijon.

115. Mme Ivan CHILLER, à Dijon.

116. M. Louis CHOMER, château de Chainty par
     Crèches (Saône-et-Loire).
117. Mᵐᵉ Louis CHOMER.
118. M. H. CLAPOT, à Grenoble.
119. En mémoire de S. A. R. le Général Duc
     D'AUMALE.
120. Mᵐᵉ La Comtesse Berthe de CLINCHAMP,
     à la Nonette, à Chantilly (*deux exemplaires*).
121. M. Georges COCHE, capitaine d'Artillerie, à
     Bourges.
122. Mᵐᵉ Georges COCHE.
123. Mᵐᵉ Paul COCHE, à Tullins.
124. M. Théodore COCHE, avocat, à Grenoble.
125. M. COLAS, directeur du V. S. B., à Voiron.
126. M. Victor COLOMB, agent d'assurances, à
     Valence.
127. M. COMBIER, à Valence.
128. M. COMTE, docteur, à Grenoble.
129. Le Colonel CORRÉARD, à Veynes.
130. Le Marquis COSTA de BEAUREGARD, de
     l'Académie française, à Paris.
131. M. Gaston COUTURIER, à Grenoble.
132. M. Paul COUTURIER de ROYAS, à Gre-
     noble.
133. M. Régis COUTURIER, à Charavines.
134. M. Jules DAIGUENOIRE, à Voiron.
135. M. Émile DARIER, château de Marveyre, au
     Prado, Marseille.
136. M. Georges DARRAGON, à Voiron.

137. Le Général DAVOUST, duc d'AUERSTAEDT, grand chancelier de la Légion d'honneur.

138. M. Hector DENANTES, à Coublevie.

139. M. Victor DENANTES, à Voiron.

140. M. P. DÉRIEUX, à Paladru.

141. M. Auguste DESCOURS, à Lyon.

142. Le Colonel DEVÈZE, château de Dorgeoise, à Coublevie.

143. Le Révérend Père DIDON, directeur de l'École Albert-le-Grand, à Arcueil.

144 à 153. Mme Edmond DOLFUS, à Paris (*dix exemplaires*).

154. Les Révérends Pères DOMINICAINS, à Coublevie.

155. M. Gustave DORÉ, inspecteur principal de l'exploitation du P.-L.-M., à Grenoble.

156. M. Romain DOUARE, avoué, à Grenoble.

157. M. Paul DOYON, château de la Craz, à Estrablin.

158. M. Édouard DRUMONT, directeur de la *Libre Parole*, à Paris.

159. M. DUBARLE, ancien magistrat, à Grenoble.

160. M. DUGIT, doyen de la Faculté des Lettres, à Grenoble.

161. M. DUGUEYT, notaire honoraire, à Lyon.

162. M. Henri DUGUEYT, à Voiron.

163. M. Henri DUHAMEL, conseiller à la Cour d'Appel, à Grenoble.

164. Le Vicomte DUMANOIR, château de l'Étang-Dauphin, à Saint-Étienne-de-Crossey.

165. M. DUMAREST, docteur, à Voiron.

166. Mlle J. DUPRAT, à Versailles.

167. M. Alfred DURINGE, à Lyon.

168. Mme Alfred DURINGE.

169. M. Georges DUSEIGNEUR, à Paris.

170. M. Raoul DUSEIGNEUR, à Paris.

171. M. Médoni D'EGGS, à Lyon.

172. S. A. I. Mme la Comtesse D'EU, à Paris.

173. S. A. R. Monseigneur le Comte D'EU, à Paris.

174. M. FAIGE-BLANC, à Voiron.

175. Mme FAIGE-BLANC, à Voiron.

176 à 186. MM. FALQUE et PERRIN, Librairie Dauphinoise, à Grenoble (*onze exemplaires*).

187. M. FARJAS-CLARET, à Grenoble.

188. Monseigneur Amand FAVA, évêque de Grenoble.

189. M. Paul FAVRE-GILLY, avocat, à Grenoble.

190. Mlle FERAY-BUGEAUD D'ISLY, à Paris.

191. M. FERAY-BUGEAUD D'ISLY, lieutenant en retraite, à Paris.

192. M. Henri FERRAND, avocat, à Grenoble.

193. Le Comte de SAINT-FERRIOL, château d'Uriage, à Uriage.

194. Le Général FÉVRIER, ancien grand chancelier de la Légion d'honneur.

195. M. Paul FIÈRE, à Saïgon.

196. M. Régis FLACHAT, à Lyon.

197. Le Comte Léon de FLEURIEU, château d'Estrablin, à Estrablin.

198. M. Paul FORCHERON, à Valence.
199. M. Paul FOURNIER, professeur à l'Université
de Grenoble.
200. L'abbé FRANCE, directeur du Journal la *Croix
de l'Isère*, à Grenoble.
201. Mlle MARIE-AIMÉE DE FRANCLIEU, à Grenoble.
202. Le Baron DE FRANCLIEU, château de Longpra,
à Saint-Geoire.
203. Le Comte DE GALBERT, à la Buisse.
204. Le Comte Raymond DE GALBERT, villa Ma-
thilde, à Menton.
205. M. H. DE GAILHARD-BANCEL, château des
Ramières, à Allex.
206. M. DE GAILLIER, à Nice.
207. M. Jules GALLAND, président de la Chambre
de Commerce, à Vienne.
208. Le Colonel GAMBERT DE LOCHE, à Lyon.
209. M. GASTON, docteur, à Nice.
210. M. GAU, directeur honoraire des Douanes, à
Lyon.
211. M. Henri GENEST, ingénieur, à Valence.
212. Mlle GILLET, à Voiron.
213. Mme Louis GILLY, à Valence.
214. Le Chanoine GINON, curé de Saint-Joseph, à
Grenoble.
215. M. Émilien GIRAUD, avocat à la Cour d'Appel,
à Paris.
216. M. Paul GIRAUD, conseiller honoraire à la Cour
d'Appel.

217. M. GIVORD. avocat. à Saint-Marcellin.

218 et 219. Mme GRANDPERRET villa de la Poape, à Rives (*deux exemplaires*).

220. M. Alexandre GRATIER, libraire, à Grenoble.

221. M. GUÉNAUD. villa Saint-André, à Voiron.

222. M. Alfred GUEYMARD, doyen honoraire de la Faculté de Droit, à Grenoble.

223. M. Paul GUILLEMIN, inspecteur général de la Navigation de la Seine. à Paris.

224. M. P. GUYOT, ancien avocat à la Cour de Cassation. au Chevallon.

225. M. HÉBERT, ancien directeur de l'École Française à la villa Médicis à Rome, à la Tronche.

226. Le Comte Paul d'HUGUES, député des Basses-Alpes.

227. Mme la Duchesse d'ISLY, à Paris.

228. M. Maurice JARROSSON, à Lyon.

229. S. A. R. Monseigneur le Prince de JOINVILLE, à Paris.

230. Le Révérend Père JUBIN de la Compagnie de Jésus, à Avignon.

231. Le Comte de JONAGE, château de Chamagnieu, à Chamagnieu.

232. M. Jean JOUFFRAY. ancien président de la Chambre de Commerce. à Vienne.

233. M. Charles JOUFFRAY. directeur de la manufacture d'armes de Saint-Étienne, à Saint-Étienne.

234. M. H. JOURDAN, à Golat.
235. Le Comte de KERDRÉAN, château du Vergeron,
     à Moirans.
236. M. Henri KING, à Avignon.
237. M. de KIRWAN, villa Dalmassière, à Coublevie.
238. Mme de KIRWAN.
239 à 243. M. Alphonse KLÉBER, à Rives (*cinq
     exemplaires*).
244. Mme Alphonse KLÉBER, à Rives.
245. M. Émile KLÉBER, à Rives.
246 à 250. M. Gaston KLÉBER, à Rives (*cinq exem-
     plaires*).
251. M. Jean KLÉBER, à Rives.
252. M. Charles KRONN, à Lyon.
253. M. André LALANDE, à Lyon.
254. M. LAMACHE, docteur, à Saint-Marcellin.
255. M. Alexandre LANTELME, avoué, à Grenoble.
256. M. LAURENÇON, député des Hautes-Alpes, à
     Briançon.
257. M. LAVAUDEN, ancien préfet, avocat à Gre-
     noble.
258. M. LEBON, adjoint au Maire, à Voiron.
259. M. Félix LEBORGNE, à Grenoble.
260. Le Comte de LINAGE, à Voreppe.
261. Le Baron Maxime de LISLEROY, à Pont-Saint-
     Esprit.
262. Mme la Baronne Maxime de LISLEROY, née
     d'HAUTEFARRE.
263. Le Général LIVET, à Grenoble.

264. M. LOMBARD, ancien magistrat, avocat à Grenoble.
265. Le Vicomte de LORIOL, château de la Rochetière, à Saint-Aupre.
266. M. René LUPIN, à Bourgoin.
267. M. MAGIMEL, à Paris.
268. M. Auguste MARIE, à Grenoble.
269. M. A. MARIE, médecin en chef des Asiles publics de la Seine, directeur de la Colonisation familiale, à Paris.
270. Le Commandant MARGOT, chef d'escadron d'Artillerie en retraite, à Lyon.
271. Mme J.-R. MARQUETTE, à Versailles.
272. Mlle MARILLIER, à Paris.
273. L'Amiral MATHIEU, à Paris.
274. M. Séraphin MARTIN, administrateur du V. S. B., à Moirans.
275. Le Comte de MEFFRAY, château de Sézarges, par Bourgoin.
276. M. Paul MÉJA, à Rives.
277. Mme Paul MÉJA.
278. . . . . . ., à Grenoble.
279. M. A. MIARD, docteur, à Paris.
280. M. Victor MICHALLET, à Voiron.
281. M. Octave MICHOUD, à Grenoble.
282. Le Comte Ludovic de MIRIBEL, château de Vors, à Villard-Bonnot.
283. M. Frédéric MISTRAL, auteur de *Mireille*, à Maillanne.

284. M. Gabriel MONAVON, ancien magistrat, à Grenoble.

285. M. MONIN, capitaine de vaisseau, à Toulon.

286. M. Charles MOSSANT, industriel, à Bourg-du-Péage.

287. Le Marquis Louis-Humbert de MONTEYNARD, château de Tencin, à Tencin.

288. Le Comte Louis de MONTEYNARD, château de la Buisse, à la Buisse.

289. M ... à Saint-Pierre-de-Chartreuse.

290. M. Aimé de MONTGOLFIER, industriel, à Tour-Clermont.

291. Mme Aimé de MONTGOLFIER.

292. M. Émile de MONTGOLFIER, conseiller général de l'Isère, à Charavines.

293. Mme Émile de MONTGOLFIER.

294. M. Étienne de MONTGOLFIER, à Annonay.

295. Mlle Da MOTTA, à Rio-Janeiro.

296. Le Comte Georges de LA MOTTE, ministre plénipotentiaire, château de Moirans, à Moirans.

297. Le Vicomte Abel de LA MOTTE, château de l'Érigny, à Moirans.

298. M. MORAND de JOUFFRAY, château de Saint-Nicolas-de-Macherin, à Saint-Nicolas.

299. M. Le MYRE de VILERS, à Paris.

300. Mlle NEYROUD, à Voiron.

301. M. Victor NICOLET, à Grenoble.

302. M. NOBLEMAIRE, directeur du P.-L.-M., à Paris.

303. M. Alphonse NUGUES, à Romans.

304. Le Général Baron NUGUES, à Paris.

305. M. C. OGIER, industriel, à Voiron.

306. Mme OGIER.

307. M. OPPERMAN, ingénieur en chef, à Marseille.

308 et 309. S. A. R. Monseigneur le Duc d'OR-
LÉANS, à Bruxelles (*deux exemplaires*).

310. Le Chanoine PAGET, curé de Saint-Pierre, à
Voiron.

311. Le Baron Ernest de PAMPELONNE, à Valence.

312. Le Chanoine PATRICOT, curé de Saint-Bruno,
à Voiron.

313. M. Joseph PAVIN de LAFARGE, château de la
Poulatière, à Tullins.

314. Mme de PÉLAGEY, à Grenoble.

315. M. Jules PELOUX, ingénieur honoraire des
Ponts et Chaussées, à Valence.

316. M. Louis PERRÉGAUX, à Jallieu.

317. M. Michel PERRET, ancien président de la
Société d'Agriculture de Saint-Marcellin, à
Tullins.

318. Mme Michel PERRET.

319. M. Hippolyte PERRIN, ancien maire de Saint-
Étienne-de-Crossey.

320. M. PERRIN, libraire, à Chambéry.

321. M. Charles PETIN, château de Vourey, à
Vourey.

322. M. Félix PEYRON, conseiller général de l'Isère,
à Vizille.

323. M. Paul PEYRON, maire des Saintes-Maries de
la Mer.
324. M. Henri PEYROT, chef de Division à la Préfec-
ture de l'Isère en retraite, à Grenoble.
325. M. René PICARD, directeur de l'Exploitation du
P.-L.-M., à Paris.
326. M. PICHAT, conseiller général de l'Isère, à Saint-
Laurent-du-Pont.
327. Le Comte de PINA, capitaine de vaisseau en retraite, à Toulon.
328. M. Jean PONCET, à New-York.
329. Mme Jean PONCET, à New-York.
330. M. Joseph PONCET, avocat, à Saint-Égrève.
331. L'Abbé PONCIN, à Voiron.
332. M. Alfred PONTET, docteur, à Rives.
333. M. du PORT-ROUX, château de Montéléger, à
Étoile.
334. M. de PRANDIÈRES, ancien procureur général,
à Chambéry.
335. Le Comte Emmanuel de QUINSONAS, à Cha-
nay (Ain).
336. Le Marquis Humbert de QUINSONAS, à Cha-
nay (Ain).
337. M. Ernest RABATEL, président du Tribunal
civil, à Grenoble.
338. M. Rémy REPELLIN, à Voiron.
339. Mme Auguste REY, à Fontanil.
340. Mlle Jeanne REY, à Fontanil.
341. M. Jules REY, libraire, à Grenoble.

342. M. Henri RIF, rentier, à Grenoble.
343. M. H. RIONDEL, à Grenoble.
344. M. Ivan RITTER, à Dijon.
345. Mme Ivan RITTER, à Dijon.
346. Le Marquis E. DE RIVOIRE DE LA BATIE, château de Montceau, par Bourgoin.
347. Mlle Marie ROBERT, à Grenoble.
348. Le Colonel DE ROCHAS D'AIGLUN, à l'École Polytechnique, à Paris.
349. M. Alexandre ROCHER, à la Côte-Saint-André.
350 à 359. M. Roméo RONJAT, villa Mille-Pas, à Voiron (*dix exemplaires*).
360. M. ROSSET-BRESSAND, notaire honoraire, à Revel-Tourdan.
361. M. Henry ROSTAING, château de Montbreton, à Chanas (Isère).
362. M. DE ROSTAING, ancien magistrat.
363. Le Colonel ROUSSET.
364. Mme ROUSSET, née DE PINA.
365. M. ROUVEURF, à Annonay.
366. M. Maurice SALESSE, ancien magistrat, à Grenoble.
367. Le Général SAUSSIER, ancien Gouverneur militaire de Paris.
368. M. Gabriel SILVY, greffier en chef du Tribunal de Commerce, à Grenoble.
369. Le Comte DE LA SIZERANNE, à Paris.
370. M. TAILLET, ingénieur, château de Rosière, près Bourgoin.

371. Mme EUDORA TAILLET. château de Rosière,
  près Bourgoin.
372. M. PIERRE-ENOS TERCINET. à Gières.
373. M. HUMBERT DE TERREBASSE. château de Terrebasse. à Roussillon.
374. M. LOUIS TESTE. rédacteur en chef au *Gaulois*.
  à Paris.
375. M. GABRIEL TEYSSIER DE SAVY, Haute-Jarrie.
  par Vizille.
376. M. EUGÈNE TIVOLLIER. avoué à la Cour
  d'Appel. à Grenoble.
377. M. TOURNAIRE. docteur. médecin de l'Asile de
  la Teppe, à Tain.
378. M. TRAPET, agent de commerce, à Grenoble.
379. Le COMTE TRÉDICINI DE SAINT-SEVERIN. à
  Douvaine (Haute-Savoie).
380. Le COLONEL TRÉPIER. à Chambéry.
381. M. TREPPOZ. notaire. à Voiron.
382. Mme la DUCHESSE D'UZÈS. à Paris.
383. M. LUDOVIC VALLENTIN. juge honoraire, à
  Montélimar.
384. Mlle ÉDITH DE VALLIER, château du Bourg. à
  Voreppe.
385. Mlle MARIE DE VALLIER. château du Bourg. à
  Voreppe.
386. Le COLONEL VALUY, à l'École Polytechnique, à
  Paris.
387. Le MARQUIS DE CORBEAU DE VAULSERRE. au
  château de Vaulserre, par Pont-de-Beauvoisin.

388. M. Léonce VERNY, à Aubenas.
389. M. Alexis VIAL, industriel, à Armentières.
390. M. Paulin VIAL, à Voiron.
391. Mme Paulin VIAL.
392. M. J. de VILLAINE. château de la Tivolière, à Coublevie.
393. Mme de VILLAINE.
394. M. de la VILLARDIÈRE, à la Frette (Isère).
395. M. VINCENDON-DUMOULIN, président de la Société d'Agriculture de Saint-Marcellin.
396. Le Général VINCENDON. à Montauban.
397. M. Eugène VINCENT, docteur. chirurgien-major de l'Hospice de la Charité, professeur agrégé de la Faculté de Lyon. à Lyon.
398. Le Marquis de VIRIEU, au château de Pupetières. à Virieu.
399. M. Albert de VOIZE. ancien secrétaire d'ambassade à Saint-Pétersbourg, château de la Martelière. à Voiron.
400. Le Baron de WITTE, colonel du 4e Dragons. château de Biègue, à Voiron.

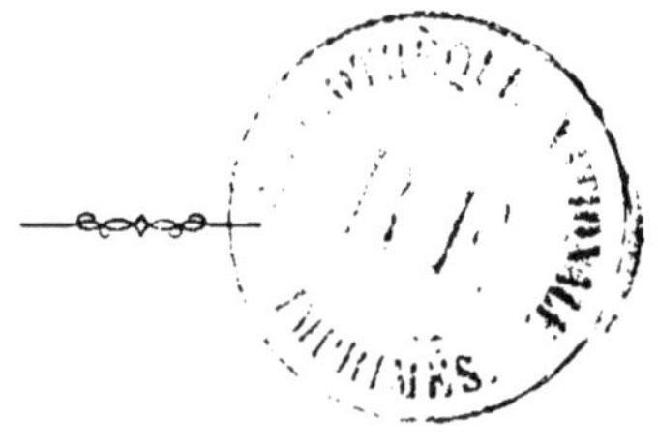